D1747654

Björn Ulbrich & Holger Gerwin

Die geweihten Nächte

Rituale der stillen Zeit

Ein Ratgeber zur Gestaltung
von Weihnachten

Arun

Das Titelfoto zeigt ein Lichtmessritual um den 2. Februar und wurde im Voralpenland aufgenommen. Hunderte von Kerzenresten des vergangenen Jahres bilden einen großen Kreis um eine alte Fichte herum. Zum Schutz vor der Witterung steht jede Kerze in einem Glas. Die verbrannten alten Kerzen symbolisieren das Ende der dunklen Zeit und damit die Wiederkehr des neuen Lichts.

Dieses Buch wäre nicht entstanden ohne die Vorarbeit vieler Menschen, die ihre Gedanken zum Thema beitrugen - in ihren Schriften, durch ihre Arbeit, durch ihre Fotos, aber auch in der Diskussion oder einfach durch gutes Vorbild. Stellvertretend sollen genannt werden Sepp Schmalhofer, Gerhard Hiemer, Michael Damböck, Friedrich Schöll, Iso Karrer, Wolfgang Spielhagen, Otto Huth, Sabine Gebhardt-Herzberg, Karl Wipf, Lu Lörler, Arno Reissenweber, die Zeitschrift Hagal/Dresden, Karlheinz Baumgartl, Richard Wolfram, Marianne Ewaldt, Peter Bahn sowie Wolf-Dieter Storl und Christian Rätsch. Besonderer Dank gilt Dieter Vollmer, dessen „Sonnenspiegel" nach wie vor ein reicher Quell an Information und Inspiration ist, und Helge Folkerts, die ihr großes Wissen vor allem um die Jahreskreisfeste sowie ihr reiches Archiv uneigennützig zur Verfügung stellte.

Dank auch an die Fotografen Peter Ewaldt und Dieter Weiher sowie ein großes Lob an das Landesamt für Denkmalpflege und Archäologie für die unbürokratische Zusammenarbeit und die schnelle Übersendung des Bildmaterials. Nicht zuletzt auch ein herzliches Dankeschön an Romana Ulbrich und Fatima Gerwin für ihren speziell weiblichen Rat.

Bildnachweis
Bild S. 118-119 © Peter Ewaldt.
Bild S. 48 © Dieter Weiher.
Bilder S. 26-29 © Landesamt für Denkmalpflege und Archäologie (LDA) Sachsen Anhalt.
Bild S. 8, 33, 46, 52-53, 55-57, 84-89, 96-99, 103 © Helge & Heiko Folkerts.
Bild S. 9, 14, 16, 34, 37, 40-45, 46, 49-51, 54, 58-73, 76-83, 92, 95, 100, 116, 126 © Björn Ulbrich.
Bild S. 74 © Sven Langheinrich.
Bild S. 102, 104-105 © Sepp Schmalhofer.
Bild S. 106-107 © Sven Henkler.
Bild S. 108-113 © Gerhard Hiemer.
Bild S. 121 © aus Kinderbuch „Die Trulligen Trolle feiern Weihnachten", Arun 1991.

Copyright © by Arun-Verlag.
5. überarbeitete und ergänzte Auflage.
Arun-Verlag, Engerda 28, D-07407 Uhlstädt-Kirchhasel
Tel.: 036743-2330, Fax: 036743-23317.
Email: info@arun-verlag.de, Internet: www.arun-verlag.de
Titelbild: Heiko Folkerts.
Band I der Reihe Edition Björn Ulbrich.
Layout: Frances Hoffmann.
Gesamtherstellung: Drogowiec, Kielce.

Alle Rechte der Verbreitung in deutscher Sprache, auch durch Film, Funk und Fernsehen, fotomechanische Wiedergabe, Ton- und Datenträger jeder Art und auszugsweisen Nachdrucks sind vorbehalten.

ISBN 3-935581-89-0

Inhalt

Vorwort 7

sonnenkult

Der Kosmos in Maßstäben	9	Die Sonne: Takt- und Sinngeber irdischer Feste	20
Kann man den Kosmos erklären?	12	Sonne und Natur - Erleben und Bekennen	23
Die Sonne: Ursprung des Lebens	14	Das Sonnenobservatorium von Goseck	26

die zwölften

Die Dunkle Zeit	30	Hel - Frau Holle	31
Odins Wilde Jagd	31	Zwischen den Jahren - Julzeit	34

weihnachten

Das Julfest - Weihnachten	38	Sinngebäck	52
Der Lichterkranz	40	Rezept für Gebildbrot und Sinngebäck	53
Der Weihnachtsbaum	44	Fliegenpilz	54
Die Auswahl des Baumes	45	Der Julbogen	55
Äpfel	46	Stroh, Strohsterne	58
Rezept für Bratapfel	47	Der Klausenbaum	60
Baumspitze, Nüsse, Lametta	48	Die Kerze	62
Krippen, Kind, Kerzen, Tiere	49	Der Julleuchter	64
Weihnachtskugeln	50	Lieder...	68

feuerkult

Das Julfeuer	73	Jultrunk	78
Der Feuerkult	70	Die Nacht im Freien	80

winterbräuche

Das Austreiben des Winters	84	Der Nikolaus	100
Der Winterriese - ein Mysterienspiel	89	Perchten, Masken und wildes Treiben	102
Baumkult	91	Der Maskenbau	105
Weihnachtsopfer im Wald	94	Der Fackelbrand von Schweina	106
Lieder...	96	Der Schwerttanz von Traunstein	108
Die Lebensrute	98	Das Feuerfest von Nozawa Onsen	114

gedanken

Brauchen wir heute überhaupt noch Religion?	116	Weihnachten im Lauf der Geschichte	121

Danksagung 126

DER JAHRESKREIS

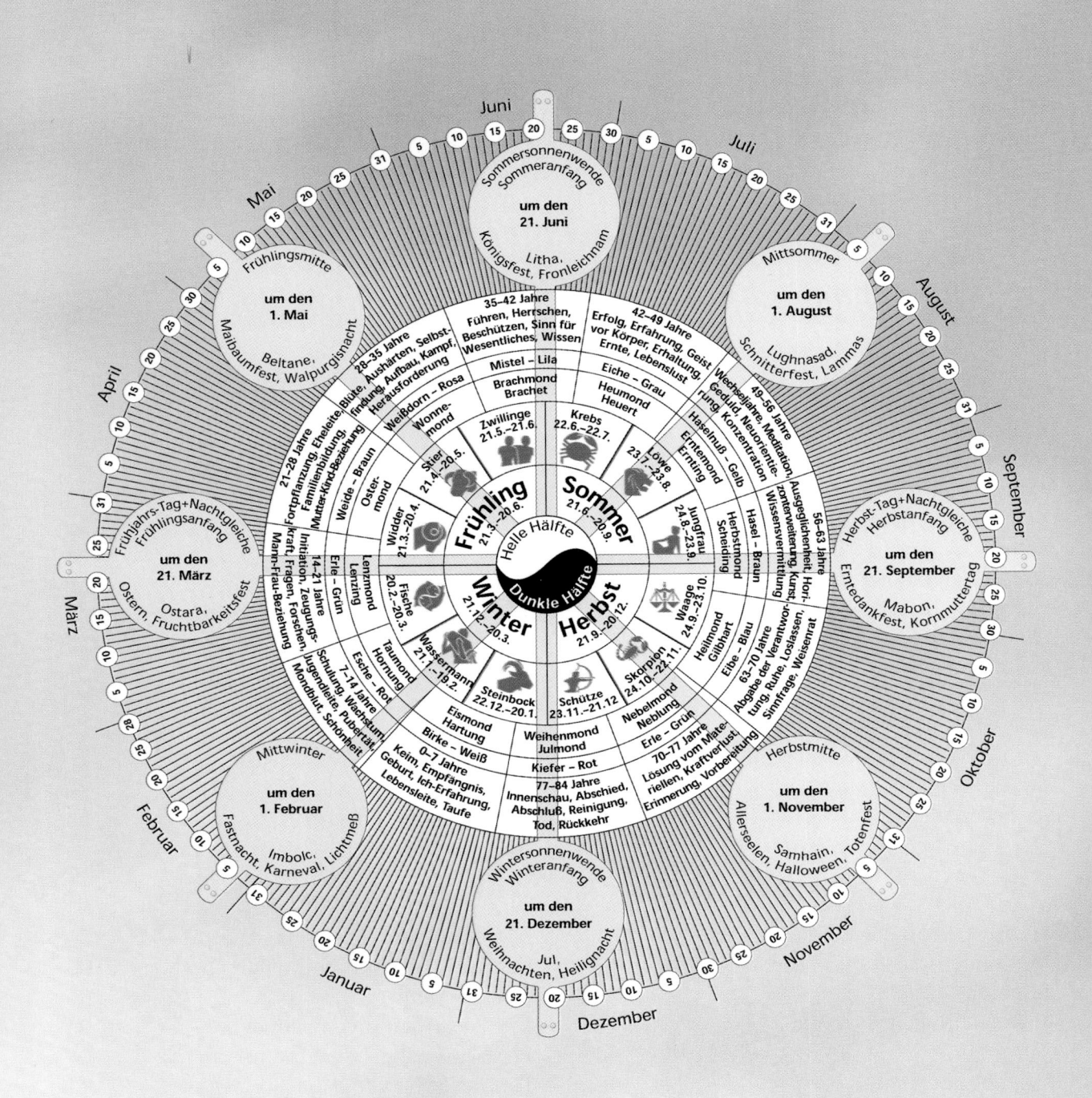

Monate (äußerer Ring)
Juni · Juli · August · September · Oktober · November · Dezember · Januar · Februar · März · April · Mai

Jahreskreisfeste

um den 21. Juni — Sommersonnenwende, Sommeranfang — Litha, Königsfest, Fronleichnam

um den 1. August — Mittsommer — Lughnasad, Schnitterfest, Lammas

um den 21. September — Herbst-Tag+Nachtgleiche, Herbstanfang — Mabon, Erntedankfest, Kornmuttertag

um den 1. November — Herbstmitte — Allerseelen, Samhain, Halloween, Totenfest

um den 21. Dezember — Wintersonnenwende, Winteranfang — Jul, Weihnachten, Heilignacht

um den 1. Februar — Mittwinter — Fastnacht, Imbolc, Karneval, Lichtmeß

um den 21. März — Frühjahrs-Tag+Nachtgleiche, Frühlingsanfang — Ostara, Ostern, Fruchtbarkeitsfest

um den 1. Mai — Frühlingsmitte — Beltane, Maibaumfest, Walpurgisnacht

Jahreszeiten
- **Frühling** 21.3.–20.6. (Helle Hälfte)
- **Sommer** 21.6.–20.9. (Helle Hälfte)
- **Herbst** 21.9.–20.12. (Dunkle Hälfte)
- **Winter** 21.12.–20.3. (Dunkle Hälfte)

Sternzeichen, Monde, Bäume und Lebensphasen

Widder 21.3.–20.4. — Lenzmond, Lenzing — Erle – Grün — 14–21 Jahre: Initiation, Zeugungskraft, Fragen, Forschen, Mann-Frau-Beziehung

Stier 21.4.–20.5. — Ostermond — Weide – Braun — 21–28 Jahre: Fortpflanzung, Ehelobte-Blüte, Ehelebte, Familienbildung, Mutter-Kind-Beziehung

Zwillinge 21.5.–21.6. — Wonnemond — Weißdorn – Rosa — 28–35 Jahre: findung, Aufbau, Aushärten, Selbst-findung, Kampf, Herausforderung

Krebs 22.6.–22.7. — Brachmond, Brachet — Mistel – Lila — 35–42 Jahre: Führen, Herrschen, Beschützen, Sinn für Wesentliches, Wissen

Löwe 23.7.–23.8. — Heumond, Heuert — Eiche – Grau — 42–49 Jahre: Erfolg, Erfahrung, Geist vor Körper, Erhaltung, Ernte, Lebenslust

Jungfrau 24.8.–23.9. — Erntemond, Ernting — Haselnuß – Gelb — 49–56 Jahre: Wechseljahre, Meditation, Geduld, Neuorientierung, Konzentration

Waage 24.9.–23.10. — Herbstmond, Scheiding — Hasel – Braun — 56–63 Jahre: Ausgeglichenheit, Horizonterweiterung, Kunst, Wissensvermittlung

Skorpion 24.10.–22.11. — Heilmond, Gilbhart — Eibe – Blau — 63–70 Jahre: Abgabe der Verantwortung, Ruhe, Loslassen, Sinnfrage, Weisenmut

Schütze 23.11.–21.12. — Nebelmond, Neblung — Erle – Grün — 70–77 Jahre: Lösung vom Materiellen, Kraftverlust, Erinnerung, Vorbereitung

Steinbock 22.12.–20.1. — Weihemond, Julmond — Kiefer – Rot — 77–84 Jahre: Innenschau, Abschied, Abschluß, Reinigung, Tod, Rückkehr

Wassermann 21.1.–19.2. — Eismond, Hartung — Birke – Weiß — 0–7 Jahre: Keim, Empfängnis, Geburt, Ich-Erfahrung, Lebensleite, Taufe

Fische 20.2.–20.3. — Taumond, Hornung — Esche – Rot — 7–14 Jahre: Schulung, Wachstum, Jugendleite, Pubertät, Mondblut, Schönheit

Vorwort zur 5. Auflage

Jeder von uns feiert Weihnachten. Mit Baum und Schmuck und Kerzen, im Kreise der Familie. Weitere treue Begleiter in der dunklen Zeit sind der Nikolaus, Adventskränze und selbstgebackene Plätzchen. Aber wer weiß denn noch, warum wir das alles machen? Wer ist heute noch in der Lage, einem Kind die Bedeutung der einzelnen Weihnachtsbräuche zu erklären?

Niemand kann dem Vorweihnachts-Rummel entgehen. Bereits im Oktober werden wir mit den ersten Weihnachts-Auslagen in den Geschäften konfrontiert. Überall Leuchtsterne, Kränze und Lametta, Konsum und Kommerz. Geschenke müssen her, viel und teuer. Spätestens Ende November rieselt dann zwar selten „leise der Schnee", dafür aber sicher um so lauter die Weihnachtsmusik aus den Lautsprechern der Fußgängerzonen, wo auch die verkleideten Weihnachtsmänner und Nikoläuse unzählbar werden. Zeitungen, Radio- und Fernsehsender stimmen ein. Und kaum ein Nadelbaum in den Vorgärten, der keine Lichterkette trägt. Selbst aus den Fenstern der Wohnhäuser blinkt uns die frohe Botschaft entgegen... - ja, welche denn eigentlich?

Weihnachten wird oft auch zur Belastung für die Familie. Stress mit der Vorbereitung für die Eltern, zum Teil widerwillige Pflichterfüllung bei den Jugendlichen - manch einer bevorzugt es, sich dem Ganzen durch einen Skiurlaub zu entziehen. Nur die Kinder - scheint es - sind mit dem Fest so richtig glücklich.

Irgendetwas läuft da schief. Brauchen wir heute überhaupt noch Weihnachten? Sind die alten Feste geeignet, wichtige Fragen der heutigen Zeit zu beantworten? Oder geht es nur ums Feiern? Was können wir anders machen, damit Weihnachten wieder einen tiefen Sinn bekommt? Muss man dazu religiös sein? Ist Weihnachten ein christliches Fest? Kann man Weihnachten überhaupt *falsch* und *richtig* feiern? Wir wollen versuchen, der Bedeutung des weihnachtlichen Brauchtums, stellvertretend für die Feste und Rituale des ganzen Jahres, etwas näher zu kommen.

Dazu fangen wir - sicher ungewöhnlich - ganz von vorne an: Was bedeuten Feste und Zeremonien, was bedeutet Religion überhaupt für uns? Und warum sind wir so, wie wir sind? Eines soll gleich vorweggenommen werden: Das Weihnachtsfest ist keine neuzeitliche Erfindung. Es geht zurück auf die frühe Naturverehrung der alten Völker. Die Wiederkehr des Lichtes zum Jahreswechsel bot bereits lange vor dem Zeitenwechsel Anlass zum Feiern und zur Ausformung Sinn gebender Rituale. Im Mittelpunkt standen und stehen der Lauf der Sonne und seine Auswirkung auf das irdische Jahresrad.

Auf den folgenden Seiten wollen wir daher zunächst der Herkunft des Menschen und seiner Prägung durch die ihn umgebenden Systeme - Erde, Sonne, Weltall - nachgehen. Auch wenn nicht jede Frage wissenschaftlich erschöpfend beantwortet werden kann - dies würde den Rahmen sprengen - wollen wir eine solide Basis schaffen für die nachfolgende Betrachtung: Motivation und Mythologie der Feste der dunklen Jahreszeit, vor allem des Weihnachtsfestes.

Im Hauptteil finden Sie alsdann eine ganze Palette weihnachtlichen Brauchtums, Bekanntes und Unbekanntes, ausführlich erläutert und illustriert. Viele praktische Gestaltungsvorschläge sollen Sie zum Mitmachen anregen, nicht ohne Ihnen auch das notwendige Hintergrundwissen - und einige „Schmankerl" darüber hinaus - zu liefern.

Wir werden zeigen: Weihnachten als Sinnbild natürlicher Spiritualität lebt und kann auch so erlebt werden, wenn Verstand und Gefühl dieselbe Sprache sprechen und wenn wir es schaffen, auf das Wesentliche zurückzukommen.

Diese Rückkehr zum Wesentlichen führt über Brauchtum und Rituale direkt in die Welt unserer Ahnen. Die Kunst, also auch die rituelle Ausgestaltung der Lebens- und Jahreskreisfeste, ist neben Wissenschaft und Philosophie der wesentliche Stützpfeiler menschlicher Kultur. Definitiv war der Zugang unserer Vorfahren zu diesen Dingen elementarer. Durch Rückbesinnung auf altes Brauchtum können wir also lernen - wenn wir dabei nicht in eine blinde Verherrlichung von Tradition um ihrer selbst willen verfallen, sondern die Synthese aus „Altem Wissen", Intuition *und* kritischem, neuzeitlichem Verstand suchen.

Gerade für uns Deutsche ist dieser Weg ein steiniger, ein schwieriger, müssen wir uns doch auch noch durch das Gestrüpp einer romantischen Germanentümelei bzw. die Wüste des Germanenwahns der Nationalsozialisten hindurchschlängeln und gleichzeitig gegen die Anfeindungen und den Spott radikaler Traditionsverweigerer und Ethik-Nihilisten bestehen.

Im Herbst 2004 besuchten drei Schamanen des Indianerstamms der Kogi Deutschland. Eric Julien hat ihre Botschaft festgehalten: „Warum habt ihr die Bindung zum Leben, zur Natur verloren? Wo ist die Weisheit eurer Ahnen? ... Versucht, die Traditionen eurer Ahnen wiederzuerwecken, denn in den Traditionen liegt die Weisheit, die euch heute fehlt. Lernt, kollektiv zu denken." (*Der Weg der neun Welten*, Neue Erde Verlag)

Für die neuseeländischen Maoris z. B. sind die Ahnen Teil des täglichen Lebens. Als Ahnen gelten Steine, Bäume und die Elemente ebenso wie die menschlichen Vorfahren, und zwar auch dann, wenn diese kein perfektes Leben gelebt oder gar Schuld auf sich geladen haben. Diese Ahnenkultur kann man in wenige Worte fassen: „I am my ancestors!" (Ich bin meine Ahnen!). Und wenn dem so ist, dann gilt auch, was die Maori-Schamanin Wai Turoa-Morgan sagt: „I can perfect them by perfecting myself".

Wir wünschen Ihnen viel Freude bei der Lektüre dieses Buches.

Der Kosmos in Maßstäben

Das Weltall ist unvorstellbar groß. Unser nächster Nachbar, der Mond, ist ca. 380.000 Kilometer von der Erde entfernt - eine Distanz, die uns bereits vor unsere physischen Grenzen stellt. Fast 400-mal so weit ist es zur Sonne, 150 Millionen Kilometer. Ein Katzensprung gemessen an der Entfernung zum nächsten Stern, über 40 Billionen Kilometer oder 100 Millionen mal zum Mond. Wir „sehen" mit Hilfe der Technik Sterne in Millionen von Lichtjahren Entfernung und blicken damit tief in die Vergangenheit des Alls (zum Vergleich: das Licht der Sonne braucht nur wenige Minuten und das Mondlicht keine zwei Sekunden, um zu uns zu gelangen).

Hunderte von Milliarden solcher Sterne bilden die Milchstraße, unsere Galaxis. Und doch sitzen diese Sterne dicht gedrängt beieinander im Vergleich zu der Strecke, die man bis zur nächsten Galaxie zurücklegen müsste: 24 Trillionen Kilometer - oder mehr als 62 Billionen mal die Fahrt zum Mond, um bei diesem Maßstab zu bleiben. Wir sehen diese „benachbarte" Welteninsel - vielleicht Billionen von Himmelskörpern - nur als kleinen leuchtenden Nebel am Firmament, sein Licht hat 2,5 Millionen Jahre zu uns gebraucht. Ein außergewöhnliches Ereignis erlaubte uns zu Beginn des Jahres 1999 für wenige Minuten den bisher tiefsten Blick in die Weiten des Alls für das menschliche Auge: Aus einer Entfernung von 9 Milliarden Lichtjahren war die Kollision zweier - längst vergangener? - Galaxien zu beobachten. Die gewaltige Explosion vor 9 Milliarden Jahren hatte die Leuchtkraft von über 20 Billiarden Sonnen.

Doch damit nicht genug der Zahlen: 50 Milliarden solcher Galaxien und mehr, darin eine unermessliche Zahl von Sternen, eröffnet uns allein das altgediente Weltraumteleskop „Hubble". Diese Galaxien ziehen ihre Bahnen in Gruppen, bilden Klumpen, Nebel, Scheiben und Spiralen nach den Gesetzen noch größerer Formationen. Zwischen den Galaxienhaufen erstreckt sich der Raum leicht auf 1 Trilliarde - also Billionen mal Milliarden - Kilometer.

Wer möchte versuchen, sich diese ungeheuren Entfernungen in Millimetern vorzustellen? Oder in Mikro-Metern, also Millionenstel-Millimetern? Und sogar ein Millionenstel Kubik-Millimeter ist eine eigene Welt immenser Größe für die in ihm befindlichen Atome, die mit einem Durchmesser im Bereich der Milliardenstel-Millimeter ihrerseits noch längst nicht die kleinsten Bausteine des Universums sind. Selbst das Licht besteht aus Teilchen, doch spätestens hier verlässt uns unsere Vorstellungskraft endgültig.

Das Weltall ist nicht leer. Es ist durchzogen von einem kalten, verdünnten und turbulenten Gas, hauptsächlich Wasserstoff, vermischt mit anderen Materieteilchen: Staub, mehr oder weniger großen Brocken, auch organischen Kohlenstoffteilchen. Reste vergangener Welten treiben scheinbar ziellos umher, bilden die Nahrung für Neues: Unter dem Einfluss der Kraftfelder angrenzender Systeme verdichten sich große Gasmengen und ihre festen Bestandteile zu neuen Sternen, genau wie Staubflocken im Wind. Unaufhörlich erblühen Sonnen. Sie entstehen notwendig, durch die Schwerkraft der Galaxien, deren riesige Kraftfelder benachbarte Materie in sich hineinziehen wie gigantische Staubsauger und in fortwährender Rotation verdichten zu schwerer Masse mit eigener Gravitation, die wiederum alles verändert. Alle Sterne am Himmel sind Sonnen, keine losgelöst von den anderen. Mit den Sonnen werden Planeten geboren. Je nach Masse der Sonne und der Art ihrer Bewegung entstehen stabile Zonen, in denen sich die Schwerkraft der neuen Sonne und die Fliehkräfte der umherstiebenden Teilchen ausgleichen. Wie von Zauberhand geführt, nehmen sie im Sog der Kräfte ihre stabile Kugelform an. Ein temporäres Gleichgewicht wird geschaffen, Sonnensysteme und Planetenbahnen mit scheinbar festem Rhythmus, allerdings nur bis zur nächsten Änderung der umgebenden Zustände - z. B. das Ende unserer Sonne nach Milliarden von Jahren oder der Einfluss der Gravitation anderer Sonnensysteme im Fluss der Galaxien. Das gewaltige Ausmaß dieser Prozesse erschwert die menschliche Wahrnehmung. Ordnung, Muster und Bewegung sind nur mit genügend Abstand erkennbar. Aus der Ferne scheint alles stillzustehen, und doch ist der Tanz der Elemente eine einzige Raserei. Selbst der Zeitbegriff ist relativ. Das Licht legt 10 Billionen Kilometer pro Jahr zurück, die Sonne rast mitsamt ihren Planeten mit 800 Tausend Stundenkilometern durch die Galaxis. Sie leuchtet seit 6 Milliarden Jahren. Unermesslich lange aus unserer Sicht, und doch vielleicht nur ein winziger Ausschnitt des Geschehens? Ein kleiner Zacken der universalen Seins-Funktion?

Wahrscheinlich ist: Das Weltall ist ewig, aber nicht unendlich, denn das Beispiel von Strecken, Geraden und Flächen trügt. Nichts ist wirklich gerade, nicht einmal die Strahlung des Lichts. Auch sie unterliegt dem Einfluss wechselnder Kraftfelder, einmal abgesehen von der Bewegung der Lichtquellen zueinander. Wer auf der Erde eine Gerade malt, der malt in Wirklichkeit ein Stück eines Großkreises auf der Erdkugel. Dies gilt für die Ebene und auch für den Raum, ob auf der Erde oder im All. Nun führt jede irgendwie geartete Abweichung von der Geradlinigkeit - einschließlich der Spirale als eine in sich „lineare" Fortsetzung - zwangsläufig irgendwann in sich selber zurück und ist somit endlich, obgleich unbegrenzt.

über die zeit

was ist zeit?
wir wissen es nicht.
inmitten der ewigkeit
steh'n wir
im morgenlicht.

über die höhen
die winde wehen.
alles land
rührt an den himmelsrand.
alle winde kommen und gehen.

gehen her und hin.
atme sie ein!
tief in dir spürst du den sinn.
aller welten sinn
strömt in dich ein.

was ist zeit?
von je her war wind,
und der himmel ist immer weit.
mitten darinnen wir atmen
und sind in der ewigkeit.

(alberta rommels)

Kann man den Kosmos erklären?

Woher kommen die Unmengen an Materie, woher die ungeheure Energie? Wie alles in der Natur ist das ein Kreislauf: Materie zerstrahlt und kristallisiert wieder zu Materie. Das ist der ganze Vorgang. Die Partikel des kosmischen Staubs sind Überreste vergangener Welten. Die Masse kondensiert zum Stern. Die Sterne durchlaufen ihren Milliarden Jahre währenden Lebenszyklus und vergehen schließlich, geben Energie und Materie ab an größere Ströme, die irgendwo und irgendwann zu neuen Gebilden führen. Nichts kommt hinzu, nichts geht verloren, nur ewige Transformation. Wäre es möglich, Etwas aus Nichts zu schaffen, so würden wir dies erkennen. Gäbe es ein Ziel, so wäre dieses schon vor Ewigkeiten erreicht. Der Weg ist das Ziel, alles fließt.

Augenfällig ist: Im Großen wiederholt sich das Kleine! So wie der Atomkern Neutronen und Protonen einfängt und die Atome selbst sich gegenseitig ihre Wechselwirkung aufzwingen bis hin zur komplexen Struktur, so ziehen die Sonnen die Planeten in ihren Bann, Galaxien die Sonnen und wieder größere Galaxien diese Galaxien. Jedes Objekt ist nur ein weiteres Mosaiksteinchen im nächst größeren Puzzle. Das Spiel der Elemente, die sich in Bruchteilen von Sekunden billiardenfach neu kombinieren, bleibt das gleiche - unabhängig davon, ob es Teil eines Wassertropfens ist oder einer kollabierenden Galaxie. Der Kosmos als Ganzer spiegelt sich in seinen Teilen, denn in jedem Teilchen wirkt das Gesetz des ewigen Wandels. Auch die größte Struktur wird einmal wieder aufgebrochen zum Einfachen hin, gibt ihre Bestandteile frei für die nächste Entwicklungsspirale. Der Kosmos kann nur das produzieren, was er selber ist. Deshalb können wir im Mikrokosmos den Makrokosmos schauen und umgekehrt. Überall ist ein ständiges Kommen und Gehen, ein ständiger Auf- und Abbau. Ob groß oder klein, es herrscht die Dialektik von Konstruktion und Zerfall als treibende Kraft für stetige Veränderung, zyklisch, verzahnt und verschachtelt, spiralförmig, evolutiv und zufällig, aufschaukelnd zu höchster Komplexität und doch immer wieder einmündend in den großen Niedergang bis zum Wiedererstehen zu anderer Zeit, an anderem Ort und in anderer Form: der Kreislauf des Lebens in seiner weitesten Definition - immer und immer wieder.

Kraft unseres Verstandes und unserer technischen Möglichkeiten durchschauen wir viele Details dieses grandiosen Schauspiels. Je tiefer man in die Naturwissenschaft einsteigt, desto größer wird die Faszination für deren Schönheit und Perfektion. Naturwissenschaft bedeutet mehr als nackte Zahlen, dieses Wissen hilft uns, das ewige Prinzip der Natur zu erkennen als das allein bestimmende.

Selbstverständlich stoßen wir im Detail an Grenzen. Vieles bleibt hypothetisch - vielleicht richtig, vielleicht falsch. Wichtig für unsere (Selbst-) Erkenntnis ist das große Ganze, das wiederkehrende Prinzip. Das Gesetz des Kreislaufs und damit der Ewigkeit zieht sich wie ein roter Faden durch die Natur. Für die philosophische Betrachtung ist es nebensächlich, ob es den Urknall gibt, Superstrings und Schwarze Löcher oder was auch immer, denn sicher mündet all dies ebenso wieder in einen größeren Zyklus. Warum sollten zufällig genau an dem Punkt, an dem wir hier und heute nicht mehr weiter wissen, die absoluten Grenzen der Schöpfung liegen? Vor nicht allzu langer Zeit hielt man noch die Erde für den Mittelpunkt der Welt ...

es gibt nur eine wirklichkeit, die all-natur.
sie allein ist umfassend, allmächtig,
allgegenwärtig, unendlich.
ihr wesen besteht im ewigen werden und vergehen.
das all atmet, sein atem währt äonen.
was bedeutet da der mensch, die erde, die sonne?
unser teilhaben am ganzen gibt uns würde und sinn.
es macht uns kleinheit und vergänglichkeit erträglich.
wir danken für das privileg, diesen gedanken zu fassen.
wir erleben die all-natur, im licht unserer sonne,
manche nennen sie gott.
so wollen wir spiegel der sonne sein
in all unserem wirken.

(nach dieter vollmer)

Wahrscheinlich ist, dass jedes Muster, jede Entwicklung, einmal endet und zu ihrem Ursprung zurückgeführt wird, um irgendwann und irgendwo einen neuen Anlauf zu versuchen - niemals identisch, sondern in ewig neuer Form, so wie kein Staubkorn dem anderen wirklich gleicht. Warum also nicht viele „Urknalle", ein ständiges Auf- und Untergehen immer neuer Universen? Oder gar kein Urknall? - Absolute Beweise gibt es nicht. Wahrscheinlich wird uns die Wissenschaft schon bald neue, atemberaubende Erkenntnisse liefern. Das Bild der Wiedergeburt allein fügt sich nahtlos in jede neue Einsicht.

Die Sonne: Ursprung des Lebens

Unsere Sonne ist ein Stern wie viele Milliarden andere, ein winziges Staubkorn im Spiel der Galaxien. Und doch ist sie alles für uns, denn ohne sie gäbe es nichts: kein Licht, keine Wärme, kein Leben, kein Denken, kein Weihnachten. Die Sonne ist unser Horizont. Der Werdegang der Sonne ist der Teil von Raum und Zeit, mit dem wir schicksalhaft verbunden sind, auf Gedeih und Verderb. Die Geschichte der Entstehung dieses einen Sonnensystems mit seinen Planeten bis zu seinem Untergang ist unsere Geschichte. Dies sollten wir bedenken, wenn wir uns an die Definition des Lebens und an unsere eigene Sinnfrage wagen.

In der Biologie ist es vertretbar, die Materie der Welt in lebend und tot einzuteilen. Für das tiefere Verständnis unseres Seins erweitern wir die Deutung des Lebens auf alle Entwicklungsprozesse im Sonnenzyklus, denn kosmisch gesehen gibt es keine tote Substanz. Lateinisch „totus" heißt „das Ganze", also alles, die universale Natur - wer möchte, kann es auch „Gott" nennen. Vereinfacht führen vier Stufen des Wachstums aus der Sonne zur Entwicklung des Lebens, wie wir es erfahren: das physikalische, das chemische, das biologische und das geistige Wachstum.

Das Physikalische Wachstum

Sonnen sind Gasbälle, sie bestehen zu ca. 75 Prozent aus einem Element, das wir Wasserstoff nennen. Im Zentrum der Sonne herrschen ca. 15 Millionen Grad Hitze und ein extrem hoher Druck. Hier kommt es zur ersten Bausteinverschmelzung von je zwei Wasserstoffatomen zu einem Heliumatom. Dabei wird ein Materierest in Strahlungsenergie zurückverwandelt und bildet die Hauptenergiequelle für das Licht der Sonne. Auch die Entstehung der übrigen Elemente hat ihren Ursprung in den Sonnen. Fusionsreaktionen kollabierender Sterne - Supernovae - reichern das interstellare Gas zusätzlich mit höherwertigen Elementen an wie Kohlenstoff, Stickstoff, Sauerstoff, Magnesium, Schwefel, Natrium und anderen. Alle Elemente haben ihren Ursprung im Wasserstoff. Das einfachste Element entwickelt alle anderen, wir nennen dies das physikalische Wachstum. Im galaktischen Wirbel verdichten sich die Teilchen weiter wie Staubknäuel, sie ziehen sich gegenseitig an, verklumpen und erhalten in Flug und Sog ihre runde Form. Während anderenorts alle Materie aufgerieben und auseinander getrieben wird, entstehen so ständig neu Planeten und Monde. Temporäre Gleichgewichte kommen und gehen. Auch hier sehen wir Kreisläufe, denn keiner der Bausteine und keine Struktur besteht ewig.

Das Chemische Wachstum

Im Inneren der Sonne werden nicht nur die Elemente gewandelt, hier ändert auch die Energie ihre Wirkungsweise: die nach innen gerichtete Schwerkraft erzeugt nun den nach außen wirkenden Gas- und Strahlungsdruck, der schließlich zum Sonnenwind wird. Der Sonnenwind bläst die entstandenen Elemente in den planetaren Raum - wie bei allen anderen Sternen auch. Lateinisch „sternere" bedeutet „streuen", die Sonne streut ihre Substanz aus wie ein gigantisches Feuerrad. Außerhalb der Sonne verbinden sich diese Teilchen zu höheren Verbindungen. Wir sehen das chemische Wachstum.

In jeder Sekunde verliert die Sonne viele Megatonnen ihres Gewichts, ein großer Teil wird im Inneren zerstrahlt. Aber diese Verluste werden annähernd ausgeglichen: durch ihre Masse saugt die Sonne Gas und Staub aus dem Weltall an. Der Sonnenwind kommt irgendwann zum Stillstand und fällt zum großen Teil in die Sonne zurück. Ein Teil des Sonnenwindes aber landet auf den Planeten. Auch unsere Erde bekommt täglich neue Substanz von der Sonne, man schätzt 6.000 Tonnen Tag für Tag, seit Jahrmilliarden. Die Planeten und Monde wachsen aus der Sonne, auf ihnen setzt sich das chemische Wachstum fort zu einer Vielzahl von Substanzen, den Elementen des Periodensystems im engeren Sinne und ihren Verbindungen.

Das Biologische Wachstum

Der Grundstoff des organischen Lebens ist der Kohlenstoff. Seine Atome können sich verbinden, indem sie sich Elektronen teilen. So entstehen wasserlösliche Moleküle, die vor allem für die Photosynthese von zentraler Bedeutung sind. Der Kohlenstoff ist auch imstande, sich zu langen Ketten zusammenzufinden, zu Aminosäuren und Proteinen, die das Rückgrat der Pflanzenzellen und auch des menschlichen Zuckerstoffwechsels bilden. Auf der Erde geschah dies zum ersten Mal vor fast 4 Milliarden Jahren. Im Experiment kann nachgewiesen werden, dass bereits die Ur-Atmosphäre aus Ammoniak, Wasserstoff und Methan unter der Stimulanz elektrischer Blitze zur Bildung von Eiweiß-Molekülen geeignet ist. In dieser Ursuppe entstanden erste primitive Einzeller. Nicht auszuschließen ist, dass auch mit dem Kometenstaub aus dem All - Reste vergangener Welten - organische Substanzen die Erde erreichten, oder aber mit dem Einschlag ganzer Kometen in der Frühzeit der Erde.

In der Folge bildeten sich DNS-Moleküle, Einzeller, Mehrzeller und schließlich komplexe Lebensformen bis hin zu den Reptilien, Vögeln und Säugetieren. Die Evolution, das weitreichende biologische Wachstum der Arten war nur möglich unter der Geborgenheit der Sauerstoff-Atmosphäre, welche die Erde vor der kurzwelligen Weltraumstrahlung schützt. Der Sauerstoff ist das Abfallprodukt der Photosynthese der Grünpflanzen. Sie wandeln unter Aufnahme von Kohlendioxyd das Licht der Sonne zu Kohlehydraten, zu organischem Leben. Jederzeit entsteht neues Leben aus dem Licht der Sonne. Die Sonne erzeugt so viel organische Substanz auf der Erde, dass man damit täglich einen Güterzug bis zum Mond füllen könnte, ca. 100 Milliarden Tonnen Kohlenstoff pro Jahr.

Die Pflanzen erscheinen grün, weil sie den roten Teil des Sonnenlichtes absorbieren, den komplementären grünen Teil aber reflektieren. Das Grün der Natur bedeutet, dass die Rotlichtstrahlung der Sonne eingebaut ist in die Zellstruktur der Pflanzen. Wenn der Mensch die Pflanzen direkt oder indirekt als Nahrung nutzt, nimmt er so das Sonnenlicht in sich auf. Über die Verdauung wird diese Energie im Körper freigesetzt, was z. B. durch die Körperwärme zum Ausdruck kommt. Unsere Lebensenergie ist gewandelte Sonnenenergie. Pflanzen sind gewachsene, kristallisierte Sonnenstrahlung. Aus Licht wird Leben. Alles kommt aus der Sonne.

Das Geistige Wachstum

Die Sonne kann nicht denken. Ihre Substanz war lange Zeit ohne Gefühl und ohne Bewusstsein. Aber aus dem brennenden Gasball entwickelten sich Strukturen bis hin zu Leben, Fühlen und Erkennen. Dies war ein entscheidender Punkt in der Entwicklungsgeschichte, denn jetzt konnte die Substanz der Sonne sich erinnern, sich selber erfahren, denkend die Welt erleben. Teilhard de Chardin formulierte es so: Der Mensch ist denkender Stoff der Sonne. Wir Menschen sind selber Sonne, jeder ein kleiner Teil, denn wir sind aus ihr gewachsen. Die erkennende Menschheit ist gleichermaßen das Bewusstsein der Sonne, sie wird sich im denkenden Mensch ihrer selbst bewusst. Gemeinsam mit vielen Wissenschaftlern wie z. B. dem Physiker Fritjof Capra gelangen wir zu der Erkenntnis, dass alle Materie Energie und alle Energie letztlich die Manifestation eines Universums mit Bewusstsein ist. Die kulturellen Leistungen der Menschen sind das geistige Wachstum der Sonne, Teil der Natur. Auch die Vollendung des Wachstums? Die Grenzen der Möglichkeiten sind uns nicht bekannt, kaum unser individueller Zenit, noch weniger jener der Menschheit im Ganzen. Wir wissen auch nicht, ob wir ihn jemals erreichen oder ob wir nur einer von vielen Versuchen sind, eine Sackgasse der Entwicklung vielleicht, ein weiterer Anlauf der Weltnatur in ihrer niemals geradlinigen Evolution zum Höchsten, auf das sie zielt, immer wieder. Unser persönlicher Ausgang aber ist uns bekannt: So wie der

Baum über Jahrhunderte zur komplexen Schönheit wächst, nur um irgendwann wieder zu Staub, zur Nahrung für Neues zu werden, so werden wir, Ausdruck der Schöpfungskraft einer Sonne und damit aller Sonnen, mitsamt dieser einst wieder dem Großen Ganzen zugeführt - aufgelöst im Allerkleinsten. Ohne den Tod des Einzelnen können sich die Arten nicht weiterentwickeln, sie würden auf der Stelle treten. Stillstand aber gibt es in der Natur nicht, sondern nur ständigen Auf- und Abbau. Der Tod ist nicht „Strafe" oder „Erlösung aus dem Jammertal", sondern natürliche Voraussetzung für künftiges Gedeihen. Auch die Sonne wird zerfallen, sich nochmals aufblähen und schließlich die umgebenden Planeten mit in den Sternentod reißen. Ihre Reste werden von anderen Kraftfeldern innerhalb der Milchstraße aufgenommen und wieder verwertet, bis auch diese Opfer der Umformung wird. Uns bleibt die Gewissheit, dass alle Substanz, Energie und Materie ewig neue Bestimmung erhalten.

Doch vor dem Zerfall stehen noch Äonen des Aufbaus. Die Sonne macht über 99 Prozent der gesamten Masse im Sonnensystem aus, Brennstoff für weitere Milliarden Jahre. Solange leben wir in der Sonne. Was wir von ihr sehen, ist nur ihr brennendes Zentrum, der kleinste Teil ihres Volumens. Der Stoff und die Energie der Sonne reichen vieltausendmal weiter als die Planeten. Die Planeten sind gleichsam nur eine dünne Schicht im Stern Sonne. Wir befinden uns also buchstäblich mitten in der Sonne. Der Organismus „Sonne" füllt den Raum des gesamten Sonnensystems und wirkt noch darüber hinaus. Die Erde ist ein kleinerer Organismus in ihm, wie ein eigenständiges Organ. Die Menschen, Tiere und Pflanzen leben, und deshalb lebt auch die Erde, denn es kann keinen lebendigen Organismus innerhalb eines toten geben. Als Beleg für das lebendige Gesamtsystem „Erde" mögen ihre Fähigkeit zur Klimaregulierung oder das Gleichgewicht aus Energieaufnahme und -abgabe ihrer Bewohner im weitesten Sinne dienen. Augenfällig ist auch der Selbstreinigungsprozess der Erde: Alle Teilchen aus der Luft und am Boden fließen irgendwann mit dem Regen und den Flüssen hinab in die Meere. Dort schichten sie sich nach ihrer Beschaffenheit und ihrem Gewicht und strömen langsam den tiefsten Stellen der Ozeane zu. Wer aber erwartet, dort den gesamten Müll der Erde zu finden, irrt: schneeweißer sauberer Sand erwartet den Betrachter. Tatsächlich gelangt das angeschwemmte Material in die Tiefseegräben hinunter bis in das heiße Erdinnere, wird dort geschmolzen, gewandelt und kommt völlig neu aus den Vulkanen wieder zum Vorschein - Asche für neues Leben und neues Wachstum.

> das neue nährt sich
> von der asche des alten,
> bis es selbst
> wieder nahrung
> für neues wird.

die midgardschlange

(Abb. aus Voenix: Weltenesche - Eschenwelten.
Das Germanische Götterorakel und Nachschlagewerk.)

Die Sonne: Takt- und Sinngeber irdischer Feste

Die Religionen der Vorzeit beruhten auf ehrfurchtsvoller Beobachtung der großen Ordnung am Himmel. Großartige Zeugnisse astraler Kultur finden wir vor allem in dem breiten Kulturkreis rings um den Nordpol, Europa, Nord- und Ostasien und Nordamerika umfassend und weit in den Orient bis in die Südsee in immer neuen Wanderungswellen ausstrahlend. Bereits in der Steinzeit wussten sich unsere Ahnen als Mitglied der großen „kosmischen Familie", sie verstanden sich als Kinder von Sonne und Erde - mit der dem Menschen eigenen aufrechten Körperachse als Verbindung zwischen beidem. Man feierte das Leben im Einklang mit „Mutter Erde" und „Vater Sonne". Der Liebestanz der „Eltern", bei dem sich die Erde um ihren Gatten Sonne dreht, verschafft den beiden alle eineinhalb Monate - acht mal im Jahr - eine besondere Begegnung: die beiden großen Sonnenwenden, die Tag- und Nacht-Gleichen in Herbst und Frühjahr und die vier Fixpunkte dazwischen. Sie bilden Gezeitenströme des Jahres.

Jedes Jahr droht die Sonne gegen Ende des Jahres für immer zu verschwinden, bevor sie dann mit der Wintersonnenwende wieder an Kraft gewinnt. In der Tag- und Nachtgleiche im Frühjahr erkämpft sich das Licht die Oberhand vor der Dunkelheit, eilt hinauf zur Sommersonnenwende, steht für einen Tag lang triumphierend in der Höhe und senkt sich dann wieder über die Herbst-Tag- und Nachtgleiche zum Sterben in die Todesnacht des Winters. Auch die irdische Natur folgt diesem Rhythmus. Nach der (Wieder-)Geburt des Lichtes beginnt die Erde bereits im Winter, neues Leben hervorzubringen. Mit dem Frühjahr endet der Todesschlaf, alles wächst und blüht und reift über den Sommer zu voller Pracht. Mit der Ernte im Herbst gelangt der neue Samen in den Boden, gut geschützt vor dem folgenden Winter. All dies geschieht im Takt der Sonne. Ihr Lauf am Himmel war vor

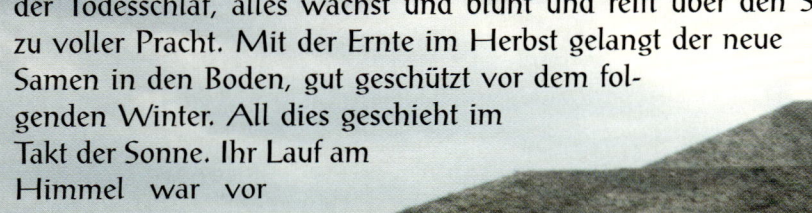

sonnenpyramide

allem den alten Völkern des zirkumpolaren Kulturraumes ein tiefsinniges Symbol des eigenen Lebens, denn auch Mensch und Tier vollziehen diesen Zyklus von Geburt, Jugend, Reife und Tod. Der Tod wiederum ist verknüpft mit dem Leben, überwunden vom Siege der Wiedergeburt.

Seit es Menschen gibt, wurde die Sonne als Lebensspenderin verehrt, als das Göttliche, im Grunde frei von personifizierter Vorstellung. Alle Kulturen, alle Völker der Erde gründen auf dem Sonnenkult, gleichsam Ur-Kultur und Ur-Religion. Unsere Vorfahren wussten sicher viel weniger von der Welt, aber sie hatten - gerade wegen der fehlenden Aufteilung in Disziplinen und Fakultäten - noch eine Gesamtschau der Dinge. Sie beobachteten den Himmel und erkannten die natürliche Ordnung, griechisch „kosmos". Bodenständige Volksstämme, Bauern und Gärtner, sind die Gründer der ältesten Wissenschaft, der Himmelskunde. Mit dem berühmten Steinkreis von Stonehenge in Südengland z. B. haben wir eine ca. 5000 Jahre alte Sternwarte vor uns, ein Höhepunkt der uralten Kultur Europas, deren Tiefe wir nur ahnen können. In fast allen europäischen Ländern und darüber hinaus finden wir Hunderte weitere Monumente alten Wissens. Die religiöse Verehrung der Sonne und deren Erforschung waren eine Einheit, Religion und Wissenschaft kein Widerspruch. Tempel - von lat. tempus - waren ursprünglich Orte der astronomischen Beobachtung und der Zeitmessung. Aus der Sonnen- und Mondbeobachtung heraus ergaben sich die Monate und die Wochen (engl. week: auch „Wechsel", nämlich Wechsel des Mondbildes) mit Tag und Nacht als natürlicher Unterteilung.

Forschung und „Gottesdienst" waren ein- und dasselbe, denn mit dem Ergründen immer weiterer Zusammenhänge stieg die Ehrfurcht vor der göttlich wirkenden Natur. Keine kausale Einsicht „entgötterte" den Kosmos, sondern mit dem Erkennen und Erleben stieg das Verehren. Man feierte das Leben spendende Gestirn und seinen dramatischen Gang durch das Jahr in Kultspielen, Ritualen und Prozessionen. Aus den

teotihuacan, mexiko

„festen" Tagen des Jahres wurden die Feste der Menschen. Diese Sonnenfeste bilden die Speichen des Jahresrades (s. S. 6), Symbol für Kreislauf und Unendlichkeit. In der Geburt und Auferstehung der Sonne sah man auch die Wiedergeburt des Menschen, des Gottessohnes, So(h)n der Sonne. Rad, Kreuz und Triskell in allen Variationen sind uralte Sonnenzeichen. Weihnachten, Ostern, Pfingsten, Erntedank und alle anderen sind frühe Sonnenfeste. Sie entstammen unmittelbar dem Erde-Sonnen-Zyklus. Viele Bedeutungen sind - je nach Religion, und diese wieder abhängig von Ort, Zeit, Kultur(historie) und Zufall - dazu gekommen, überlagern teilweise den Ursprung: das Sonnenjahr und die natürliche Einteilung in Jahreszeiten und -übergänge.

der mensch hat das denken nicht erfunden,
so wie das auge nicht das sehen.
wie das auge die sonne abbildet,
zeigt unser verstand die wirklichkeit.
nichts ist darüber, nichts darunter,
nichts davor und nichts danach.
wir schauen alles, weil wir teil von allem sind.
der mensch ist das ebenbild gottes, der natur.
sie beantwortet alle fragen allein durch ihre existenz.

(nach k.h. baumgartl)

sonnentempel von sacsayhuaman, peru

Sonne und Natur - Erleben und Bekennen

Die Sonne ist Grundlage aller Religionen, auch wenn dies heute nicht mehr offensichtlich ist. Die geniale Schlicht- und Schönheit der Natur fasziniert momentan die Menschen weniger als überirdische Phantasien. Oft ist der Wunsch Vater der Gedanken: Man „glaubt" lieber das Unvorstellbare, anstatt das Naheliegende zu akzeptieren. Die umfassende Bedeutung von Natur und Sonne für den Menschen wird selten erkannt. Und doch sind wir untrennbar verwurzelt, quer durch alle Schichten, gleich welcher „Konfession" man glaubt verpflichtet zu sein:

Wer kennt nicht die Liebe zur Sonne? Das wohlige Kribbeln, das uns in den ersten warmen Frühlingstagen durchströmt, wenn alles unter der Sonne wieder zu neuem Leben erwacht? Die Sehnsucht, ihr die nackte Haut preiszugeben, die Augen zu schließen und alles andere für den Moment unwichtig werden zu lassen? Jede Körperzelle reagiert, ein heiliges Gefühl voller Schönheit, Ruhe, Kraft und Ehrfurcht. Wir scheinen unseren Ursprung zu spüren, gleichsam auf atomarer Ebene. Kein Wort, kein Gedanke muss dies erklären - wir sind Teil der Sonne. Die Menschen erfühlen das Göttliche in der Sonne, ohne sich dessen wirklich bewusst zu werden, sind dabei der Wahrheit näher als bei der Ausübung metaphysischer Religion.

machu picchu, peru

In der Sonne und der unter ihr wirkenden Natur offenbart sich das Göttliche. Alles, was ist, trägt den göttlichen Funken in sich. Tiere und Pflanzen folgen dem Plan des Lebens, ohne ihn zu reflektieren. Der Mensch hat eine Sonderstellung inne: Wir schauen uns selbst, unsere Vergangenheit und können unsere Zukunft planen. Dies beinhaltet eine große Verantwortung. Wer sich gegen die natürliche Wirklichkeit sträubt und den Sinn außerhalb sucht, der verliert den Einklang mit der Natur. Der Glaube an das Jenseits schwächt die Kraft im Diesseits. Der höchste Sinn des Daseins besteht in der Ausformung der eigenen Möglichkeiten und der Weitergabe des Lebens als Bindeglied der Generationen. In jedem von uns sind die Anlagen der Ahnen verkörpert. Der Mensch ist unsterblich in den Nachkommen und Verwandten, die sein Erbe teilen.

„Sieh' Dich wie Du bist - ein kleines Rädchen im Kosmos, ein Atom in einem gewaltigen und ewigen Naturschauspiel, und doch einzigartig. Besinne Dich darauf, Teil eines göttlichen Ganzen zu sein und schöpfe daraus Kraft. Erlebe die Einheit von Körper, Geist und kosmischer Natur und verlasse Dich nicht auf ein „Jenseits". Öffne Deine Augen für das Naheliegende und hüte Deinen Verstand vor Wunsch und Wahn.
Nutze Deine Zeit im Hier und Jetzt und
verewige Dich in Deinen Nachkommen!"

GEBET
GIB, HOHE SONNE, DASS ICH TAG FÜR TAG
IM STEIGEN MICH, WIE DU, ERNEUERN MAG,
DASS ICH, AUS DIR GEFLOSSEN REIN UND FREI,
EIN FEUER WIRKEND, SELBER SONNE SEI!
(ISOLDE KURZ)

tempel der sonnenordnung

Wortspiele ... Die Ordnung des Sonnenjahres kann niemand ändern. Für viele alte Völker trug die Welt ihr Recht in sich: das Recht des Lebens und des Kreislaufs, rechts, wie der Sonnenlauf geht. Man konnte kein Recht machen, sondern es nur erkennen und weitergeben. Der König der alten Zeit war zuerst wissender Richter. Er fand das Sonnenrecht auf Erden, sein Reich war „Abbild der Sonnenordnung". Die Aufgabe des Königs war, dieser Ordnung zu folgen und Abweichungen zu korrigieren - also solche Dinge, die „unrichtig" geworden waren, wieder zu „richten". So gehören in unserer herrlich tiefsinnigen deutschen Sprache Recht, Richter und Reich zusammen; es ist die gleiche Wurzel, wie im lateinischen „rex" (König) und „regnum" (Reich), „regere" (leiten, regieren). „Recht" und „rechts" sind sprachverwandt mit gerecht und rechtens, rechtzeitig, rechtmäßig und Rechteck, ebenso wie right, droit (beides: Recht, geradeaus), dexter, derecho usw. - ein Schelm, wer Böses dabei denkt, vor allem, wenn man dann auch noch feststellt, dass die Bewegungen gegen die Ordnung „linksherum" genannt werden, „link" für „hinterlistig" und „gemein" steht („ablinken" usw.), „linkisch" gleich „ungeschickt" ist und das romanische „sinister", „sinistro" usw. synonym für „unheimlich", „unheilvoll" verwendet wird.

jeder schritt
auf dem kreispfad des lebens
ist anfang und ende,
aufbruch und ziel,
abschied und neubeginn zugleich.

sonnenrecht

sonnentempel von stonehenge, wiltshire, england

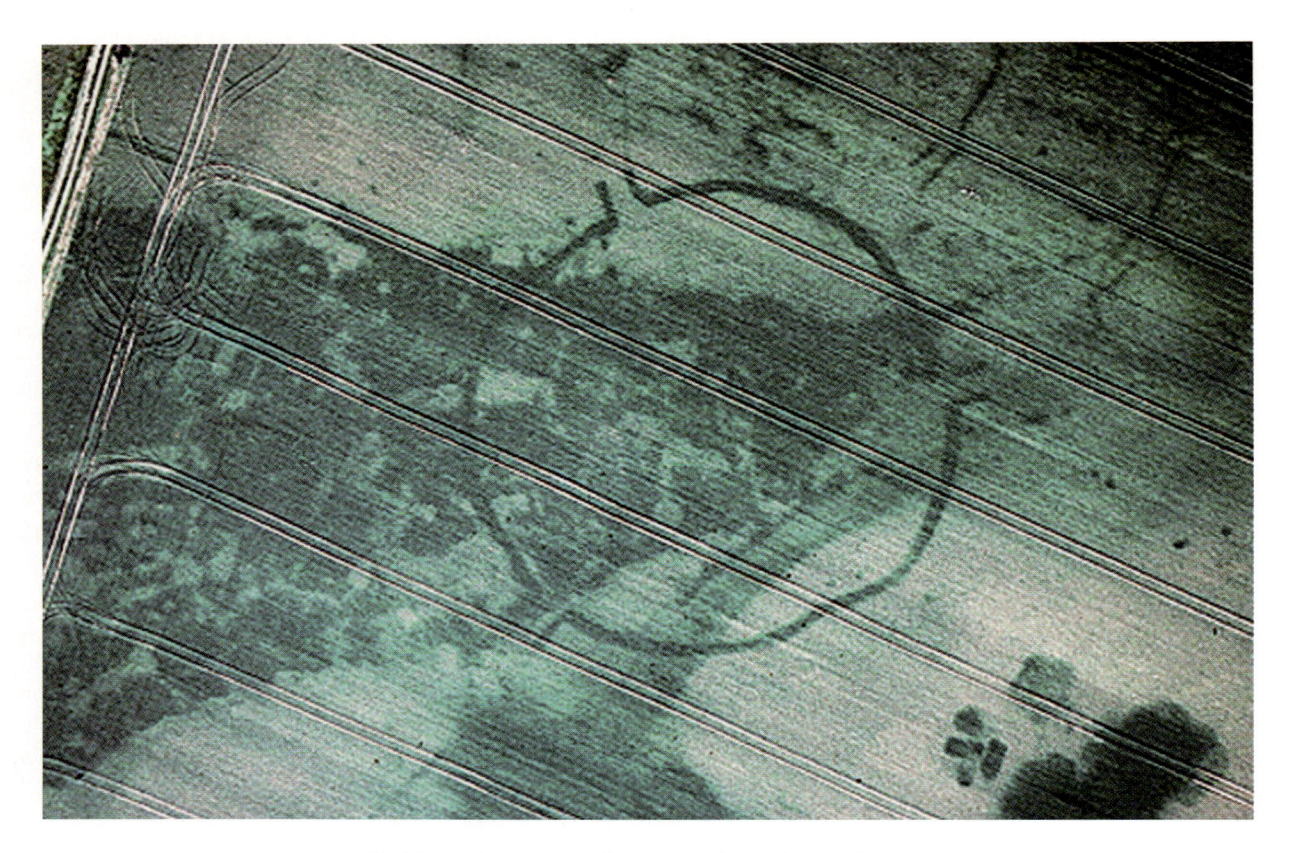

Luftbild der Anlage vor der Ausgrabung (1999, R. Schwarz)

Das Sonnenobservatorium von Goseck

Die Kreisgrabenanlage ist eine jungsteinzeitliche Ringgrabenanlage am Ortsrand von Goseck (Landkreis Weißenfels, Sachsen-Anhalt). Sie wurde 1991 bei einem Erkundungsflug durch den Luftbildarchäologen Otto Brasch zufällig entdeckt. Die vor etwa 7000 Jahren errichtete Anlage ist das älteste zweifelsfrei nachgewiesene Sonnenobservatorium Europas, wenn nicht der Welt!

Unter der Leitung von Francois Bertemes wurden von den Archäologen der Martin-Luther-Universität Halle-Wittenberg in mehreren Grabungen erstaunliche Details zu Tage befördert: Scherben aus der Zeit der Stichbandkeramik, Reste eines Langhauses mit lehmverputzten Flechtwerkwänden und ein Kindergrab mit zwei Gefäßen (Linienbandkeramik).

Desweiteren fand man Rinderknochen, besonders Schädel, und auch Menschenknochen, von denen das Fleisch abgeschabt wurde und die sorgfältig bearbeitet waren. Menschenopfer oder Begräbnisrituale?

Die Anlage von Goseck gehört in die Gruppe der sogenannten Henge-Monumente, monumentale kreisförmige Erdwerke, denen man astronomische Funktion zuschreibt. In Goseck ist es aufgrund des exzellenten Erhaltungszustandes der archäologischen Funde erstmals gelungen, dies zweifelsfrei zu beweisen. Goseck gehört zur frühesten Monumentalarchitektur Europas, und erst über 5000 Jahre später, gegen 1.500 v. Chr., fand diese mit den vorwiegend in Stein gebauten Henge-Anlagen auf den Britischen Inseln (Stonehenge) ihr Ende.

Der Kreisgraben in Goseck mit einem Durchmesser von 75 m wird von zwei konzentrischen Kreisen aus Holzpalisaden umschlossen, die an drei Stellen durch aufwändig gearbeitete Tore unterbrochen sind. „Prof. Dr. W. Schlosser vom Institut für Astro-Physik der Ruhr-Universität Bochum fand heraus, dass vom Zentrum der Anlage aus gesehen die Torunterbrechungen der inneren Palisadenreihen und des äußeren Grabens eine Visiervorrichtung darstellten, die auf die Sonne ausgerichtet war. Dabei verengen sich die Durchbrechungen von außen nach innen, was eine präzise Beobachtung erlaubt: Von der Mitte aus gesehen markiert das Südosttor exakt den Punkt des Sonnenaufgangs zur Wintersonnenwende am 21. Dezember zu Beginn des 5. Jahrtausends v. Chr. Das Südwesttor bezeichnet den Sonnenuntergang am selben Tag. Das dritte Tor weist nach Norden." (Presseinformation 07.08.2003, Landesamt für Archäologie)

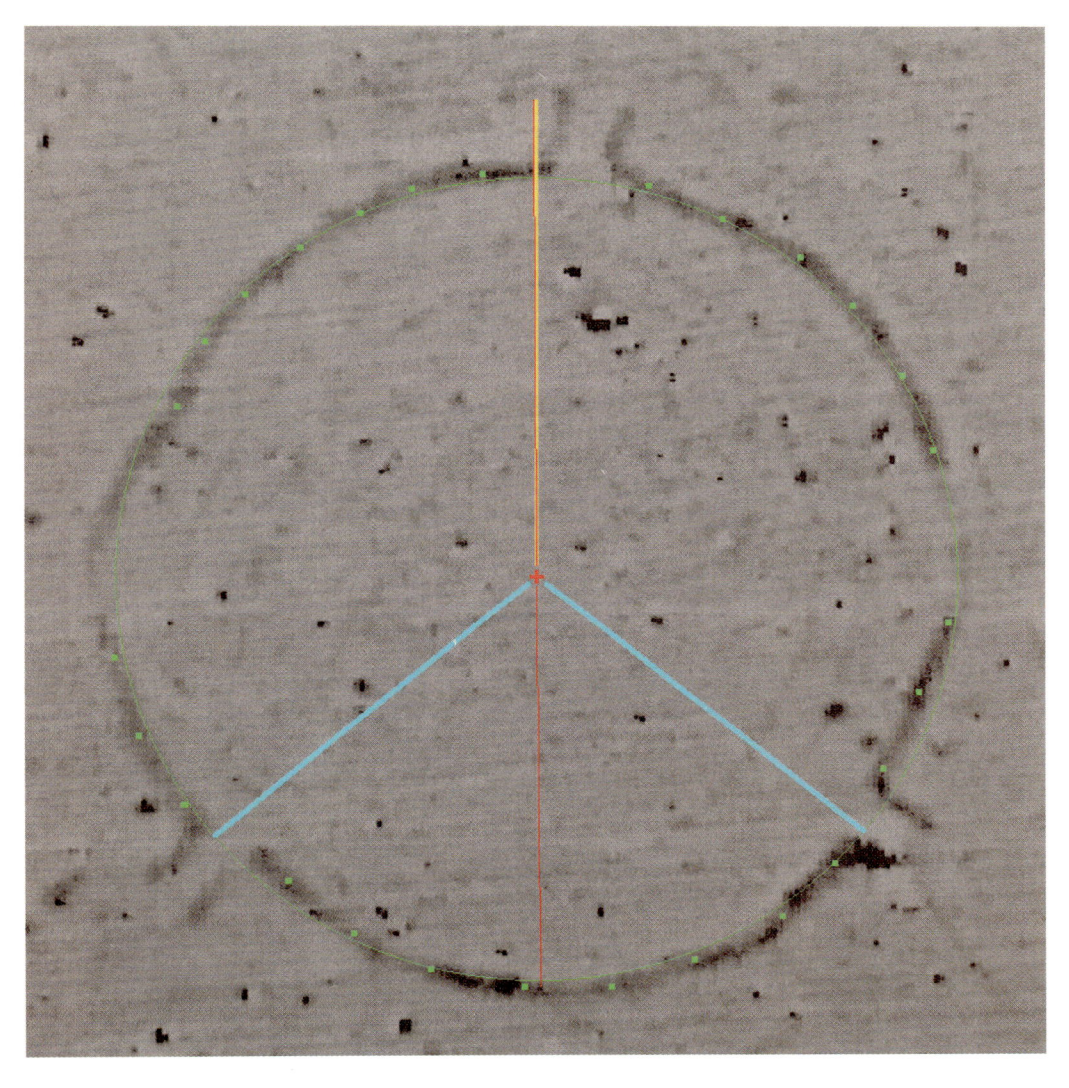

Astronomische Ausrichtung der Anlage nach Prof. Dr. W. Schlosser.
Rotes Kreuz: Mitte des optimalen Kreises, Rot: astronomischer Meridian,
Gelb: magnetischer Norden, Grün: Referenzpunkte Kreisgraben und optimal passender Kreis.
Hellblau: Sonnenauf-/untergang (oberer Rand) Wintersonnenwende - 4.800 v. Chr.

Luftaufnahme Südosttor von Norden nach Süden. Grabungskampagne 2003 (Foto: G. Pie)

2004 wurde eine weitere Visiereinrichtung im Palisadenzaun gefunden, die auch die Bestimmung der Sommersonnenwende erlaubte.

Anlagen dieser Art waren in einer kalenderlosen Zeit für den Zyklus bäuerlicher Lebensgemeinschaften enorm wichtig. So ist die Anlage in Goseck sicherlich nicht nur Observatorium, sondern auch Markt-, Richt-, Bestattungs- und Kultplatz gewesen, vielleicht auch Zuflucht und letzte Verteidigung im Kriegsfall.

Die letzte menschliche Nutzung der Anlage datiert man in die Trichterbecherkultur (vor ca. 6300 Jahren). Religiöser Mittelpunkt dieser Kultur war „vor allem der Glaube an die Ahnen", weiß Francois Bertemes zu berichten.

Der Fundort der berühmten Himmelsscheibe von Nebra liegt keine 25 km Luftlinie von Goseck entfernt. Und wenn man das Alter der Scheibe auf ca. 1.600 v. Chr. festlegt, so zeigt das nur die lange Tradition sowohl astronomischen Wissens wie auch die kultische Praxis einer naturreligiösen Sonnenverehrung. Die Nebra-Scheibe gilt nicht nur als die älteste Sternenabbildung der Welt, sondern „die dort gezeigten Horizontbögen haben ebenso Beziehungen zur Wintersonnenwende wie die Kreisanlage von Goseck. Durch die Darstellung einer Himmelsbarke, die zwischen den Horizonten hin- und herfährt, wird zugleich die mythologische Überhöhung der Gestirne und ihrer religiös-kultischen Bedeutung für den vorgeschichtlichen Menschen zum Ausdruck gebracht" (Presseinformation 07.08.2003, Landesamt für Archäologie). Hier war also von Anfang an astronomisches Wissen mit mythologisch-kosmologischen Vorstellungen verknüpft.

Noch 2003 schreibt das Landesamt in einer Pressemitteilung, dass alle bisherigen Funde auf eine „eminente Bedeutung ... als zentrale Kult- und Versammlungsplätze" hinweisen. „Astronomische Beobachtungen, kultische Umzüge und Zeremonien vermischten sich hier in einmaliger Art und Weise mit gesellschaftlichen Aktivitäten". Kurze Zeit später werden die Archäologen wieder fündig: Nur rund einen Kilometer vom Observatorium entfernt finden sie die Reste einer gewaltigen Steinzeitsiedlung!

Wintersonnenwende live

Nachdem das gesamte Areal freigelegt wurde, begann man am 1. Juni 2005 mit den Bauarbeiten zu einem originalgetreuen Wiederaufbau.

„Der rekonstruierte Komplex wird aus rund 2300 Eichenholzstämmen errichtet. An den Pfosten der Tore werden wir Rinderschädel befestigen, als Hinweis auf die kultische Bedeutung des Areals", verspricht Grabungsleiter Andreas Northe.

Die Anlage soll pünktlich zur Wintersonnenwende am 21. Dezember 2005 eröffnet werden.

> **Weitere Infos**
> www.praehist.uni-halle.de/goseck/index1.htm
> http:/de.wikipedia.org/wiki/Kreisgrabenanlage_von_Goseck
> ... oder einfach mal *googlen.*

Rekonstruktion der Anlage von Goseck zur Wintersonnenwende (Zeichnung. K. Schauer)

Die Dunkle Zeit

Die Monate November, Dezember und Januar sind die dunkelsten des Jahres. Diese Zeit steht unter dem Motto des Zurückziehens und Verinnerlichens der Erlebnisse des vorangegangenen Sommers. Die Nächte dauern jetzt fast sechzehn Stunden. Draußen regieren Finsternis und Kälte anstatt des Lichtes, vieles erstarrt bewegungslos. Die Erde verweilt in ihrer längsten Nacht und sammelt Kräfte und Säfte für den nächsten Kreislauf. Vieles stirbt ringsum, Grabesstille umfängt auch die Lebenden. Wir erleben unmittelbar das abbauende Prinzip, das dem Wiederaufbau vorausgeht. Nicht umsonst ist diese Zeit der Totenwelt gewidmet, denn auf der Erde ist es fast wie unter der Erde: kalt und düster, aber auch auf geheimnisvolle Weise geborgen und behütet. Es regiert die Dunkle Alte, die Weise Frau, Hel, Holla, Percht, die Totengöttin.

Die meisten Aktivitäten der Menschen während der dunklen Zeit finden in geschlossenen Räumen statt. Der Winter mit seinem „Einwärts" bindet die Menschen mehr an Haus und Heim, und damit aneinander, soweit es Familien oder größere Lebensgemeinschaften betrifft. Ein schönes Sinnbild für die dunkle Zeit sind lange gemeinsame Winterabende vor einem prasselnden Kaminfeuer. Vor allem die Landarbeit ruht, die Schätze des Sommers sind geerntet, die neue Saat ist noch weit entfernt. Auch die Gedanken richten sich nach innen - jetzt ist die Zeit, den Schattengeistern und Todesdämonen zu begegnen, den eigenen Ängsten und Aggressionen. Vieles in unserem Inneren muss sterben, um Platz für Neues zu schaffen. Für uns sind die langen Nächte vor dem Weihnachtsabend die Zeit der Einkehr, die Zeit der Pläne.

Von jeher begehen die Menschen die dunkle Zeit mit großer Kreativität und viel Phantasie. Die Rituale widmen sich den Toten, der Sonne, der Wiederkehr des Lichtes und des Lebens. Auch wenn heute der persönliche Bezug zu den Feiertagen oft verloren ist, so haben sich die meisten der winterlichen Rituale doch erhalten. Das Allerseelen- bzw. Winternachtsfest (*Halloween*) Anfang November symbolisiert den Beginn der dunklen Zeit. Masken und Fratzen verdeutlichen die Öffnung zur Innenwelt. Wir beschäftigen uns symbolisch mit den Schattenseiten des eigenen Ichs, wachsen an dieser Begegnung. Um den 11. November feiern wir den Martinstag mit Laternenumzügen, mit verhülltem (Sonnen-)Feuer, klein geworden seit dem Sommer. An Weihnachten kommt die Wende, die Lichtgeburt. Mit dem Weihnachtsfest wandelt sich der Charakter der dunklen Zeit. Die Furcht (vor ewiger Nacht) weicht der Hoffnung angesichts der jungen Sonne. Der Nachdenklichkeit und Versunkenheit folgt rege Betriebsamkeit, das bunte Leben mischt die Stille auf. Häufig wird es laut und schrill, wir suchen die Feste und Feiern und erhellen die langen Nächte. Selbst die Toten erheben sich in der germanischen Mythologie und beginnen ihre wilde Jagd, angeführt vom Göttervater Odin/Wodan, dem Gott des Krieges und des Sturmes. Nach dieser unruhigen Zeit folgt der Jahreswechsel, alte Ordnung kehrt ein. Nicht mehr zu leugnen ist die neue Sonne dann am 2. Februar, dem Lichtmeß-Tag, der die dunkle Zeit endgültig beendet. Mit der Sonne erneuert sich einmal mehr die gesamte Natur.

> Luft mein Atem,
> Wasser mein Blut,
> Erde mein Körper,
> Feuer mein Geist.

Odins Wilde Jagd

König der Asen und Fürst aller Welten ist Wodan oder Odin, Allvater und Gott des Schlachtfeldes. Doch nicht immer erscheint Odin in glänzender Rüstung. Oft zeigt er sich auch bei den Menschen als wandernder Greis mit langem weißen Barte, eingehüllt in einen fleckigen Mantel, das würdige Haupt von einem breitkrempigen Hut verdeckt - oft Helfer in der Not. Odin besitzt nur ein Auge, das andere musste er in grauer Vorzeit zum Pfande geben, als er von dem klugen Riesen Mimir die Erlaubnis erhielt, aus dem Brunnen der Weisheit zu trinken.

In den Rauhnächten während der Zwölften aber braust Odin über die Erde - mit seinem Totenheer im Gefolge, den im Kriege gefallenen Helden. Odin selbst reitet auf seinem weißen, achtfüßigen Schlachtroß Sleipnir (=> Schimmelreiter) durch die Lüfte, zwei nachtschwarze Raben auf der Schulter, Hugin und Munin (Gedanke und Erinnerung). Ein strahlender Goldharnisch schmückt seine Brust, und ein kostbares, immer siegendes Schwert hängt an seiner Seite. Auf dem Kopf trägt Odin einen glänzenden Goldhelm mit vorwärts gestreckten Adlerschwingen. In der Hand führt er den herrlichen Speer, der nie das Ziel verfehlt - wohin er diese Waffe auch wirft, sie kehrt stets zu seinem starken Arm zurück. Zu Odins Füßen laufen zwei blitzäugige Wölfe, Geri (der Gierige) und Freki (der Gefräßige). In seinem Gefolge stürmen auf ihren feurigen Hengsten allerlei wilde Reiter und Knappen mit glühenden Panzern und flammenden Schwertern. Bevor Odin mit der wilden Schar auszieht, lässt er bisweilen auf Erden bei einem Schmied sein weißes Roß beschlagen und gibt dem willigen Meister einen reichlichen Lohn. Sterblichen Helden erweist der Gott mitunter die Gunst, an der unheimlichen Jagd teilnehmen zu dürfen. Als Ehrenlohn erhalten sie von der Beute ein Stück Wild, das sich später in Gold verwandelt.

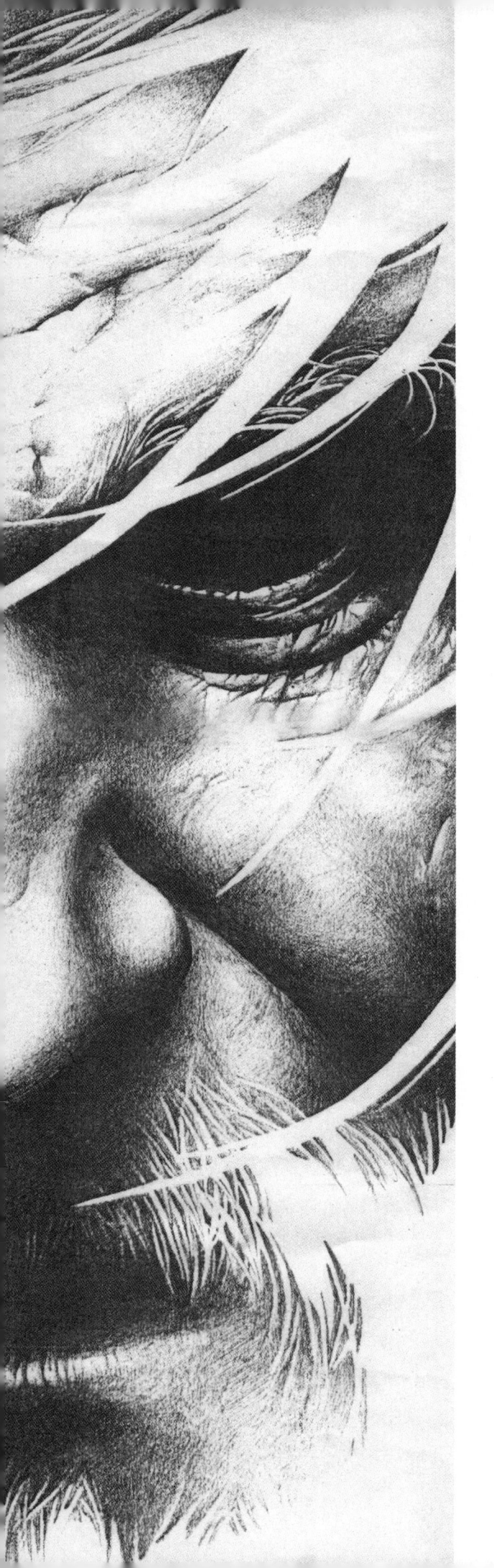

Die Volkssage hat hier vor allem den Anblick eines wolkenbewegten Nachthimmels verarbeitet und daraus das wilde, stürmende Heer geschaffen. Entgegen späteren Überlieferungen war die Begegnung mit dem Totenheer nicht Symbol für Angst und Schrecken, sondern für Fruchtbarkeit und Wachstum. Wo der Wilde Jäger herzog, dort wuchs das Korn höher. Die Götter- und Totenseelen sollten nicht abgewehrt, sondern herbeigerufen werden, denn ihr Erscheinen allein sicherte eine gute Ernte und das Sippenglück. Den Toten wurden Opfer gebracht, um sie zum Mitwirken am neuen Wachstum unter der Erde zu bewegen. Diese enge Beziehung von Totenverehrung und Wachstumskult so wie das Denken in natürlichen Kreisläufen überhaupt ist prägendes Merkmal der heidnisch-germanischen Weltsicht. Odins Wilde Jagd als Sinnbild der Toten- und Ahnenverehrung und des Fruchtbarkeitskultes ist auch heute noch in manchem Winterumzug gegenwärtig und auch darüber hinaus eine wunderbare Metapher.

Hel - Frau Holle

Hel ist der Name der Unterwelt in der nordischen Mythologie, Hel ist auch die Göttin des Todes. Das Winternachtsfest Anfang November heißt im englischsprachigen Raum Halloween, was nichts anderes bedeutet als „Hels Abend".

Die ursprüngliche Bedeutung des Wortes „hel" ist „verbergen" im Sinne von schützen, noch heute erhalten z. B. in dem Wort „Helm", der den Kopf verhüllt und damit beschützt. „Hella" war bis zum 10. Jahrhundert das Wort für Unterwelt. Erst die Kirche deutete die schützende, bergende Hel um zum Qualort, zur grausamen Hölle.

Hel selbst ist die dunkle Erde, das Moor, das Totenreich. Sie nimmt das Leben und erneuert es. Wie das Moor ist sie nicht nur Grab, sondern auch fruchtbarer Boden und Keim für neues Leben. Wie der Schnee im Winter bringt sie nicht nur Starre und Bewegungslosigkeit über die Erde, sondern auch eine schützende Hülle, die das wiedererstehende Leben

hel/holle-percht, gesehen in oberbayern

der Pflanzen und Tiere bedeckt. Die Göttin hat folglich eine schwarze und eine weiße Seite. Wer sie schwarzsieht, ist dem Tode verfallen; wer ihre weiße Seite erblickt, erfährt Schutz und Geborgenheit – doch vorher weiß es niemand. Hels wahre Absicht ist verborgen, verhehlt.

Hel erscheint in vielen Sagen und Märchen, von denen das bekannteste wohl „Frau Holle" von den Brüdern Grimm ist. In diesem Märchen erscheint die große Göttin in ihrer Rolle als Herrscherin der Unterwelt. Sie belohnt die fleißige Spinnerin Goldmarie für die in ihrem Reich bereitwillig geleisteten Dienste. Dem bequemen und oberflächlichen Wesen der Pechmarie wird exemplarisch eine Absage erteilt.

Die reichhaltige Götter- und Geisterwelt unserer Vorfahren verlieh der belebten und beseelten Natur plastischen Ausdruck. Die Elemente Erde, Luft, Wasser und Feuer, jedes Geschöpf, jedes Ding waren prinzipiell hilfreich, selbst wenn sie bisweilen auch zerstörerisch wirken konnten. Die gute Seite – die guten Geister und Götter – wurden herbeigerufen und durch Opfer versöhnlich gestimmt, symbolisierter Dank an die Natur und Huldigung der untrennbaren Zusammengehörigkeit mit derselben. Nicht Energien von außen wurden erfolgreich mobilisiert, sondern die eigene Tatkraft und Zuversicht, auch wenn dieser *psychologische Schachzug der Evolution* sicher nicht jedem einzelnen transparent war und ist.

Der Wandel von guten Geistern zu bösartigen Dämonen und der Mythos der Erlösung von jenen haben erst mit dem kirchlichen Bild vom Teufel Einzug gehalten. Äpfel, Nüsse und Honig als Opfergaben unserer Vorfahren jedenfalls waren wohl kaum als Abwehrmittel gegen teuflische Dämonen geeignet. Vielmehr sollte das Glockengeläut der Kirchen die Naturgeister der Heiden vertreiben.

Die Natur legt uns den Mythos in die Wiege, er nährt sich selbst und bringt der Gemeinschaft Nutzen. Wir nähern uns ehrfürchtig in Bildern von magischer, übersinnlicher Faszination. Übersinnlich bedeutet: mit den Sinnen momentan nicht vollständig zu erfassen. Das heißt nicht „übernatürlich" – ein Unwort – denn außerhalb der Natur kann es nichts geben. Die Natur in dieser allumfassenden Definition als göttlich zu begreifen, steht in keinerlei Widerspruch zum wissenschaftlichen Interesse an ihr. Im Gegenteil steigt die Verehrung mit jeder zusätzlichen Erkenntnis und findet gemeinsamen Ausdruck in bildlichen Mythen.

Zwischen den Jahren - Julzeit

Mehr als 365-mal dreht sich die Erde um ihre eigene Achse, während sie die Sonne umkreist. 365-mal sehen wir die Sonne auf- und untergehen - jedes Mal aus einer etwas anderen Perspektive - bevor sich alles wiederholt. Dann ist ein Jahr vergangen, ein Sonnenjahr. Je eine dunkle und eine helle Zeit addieren sich zu 24 Stunden, wir nennen es „Tag", unterteilen ihn weiter in Stunden, Minuten und Sekunden. Die Sonne prägt unser Zeitgefühl, alle Ordnung entspringt der Sonne. Auch wenn wir den Lauf der (Jahres-)Zeiten heute weitaus neutraler empfinden, als unsere - naturverbundenen - Vorfahren dies taten: die menschliche Zeitrechnung baut ausschließlich auf der Sonne auf. Sie ist Ursprung, Motor und Taktgeber aller irdischen Prozesse.

Astronomisch weitaus unbedeutender, den Menschen aber dennoch innig, ist der Mond. Treuer Begleiter der Erde auf ihrer Bahn um die Sonne, ist er unser Zeuge von Anbeginn an. Auch der Mond dreht sich um sich selbst, rascher als unser Heimatplanet, auch er kennt Tag und Nacht. Und der Mond umkreist die Erde. Exakt 29,5 Tage dauert sein Umlauf, die Spanne zwischen Vollmond und Vollmond aus irdischer Sicht. Gefährlich nahe kommt er uns auf seiner elliptischen Bahn, so nah, dass Flutberge sich heben und senken auch unter seinem Einfluss. Nicht nur die Gezeiten werden durch die Schwerkraft des Mondes mit beeinflusst, auch der Zyklus der Frauen folgt seiner Regel. Nicht wenige behaupten, dass auch Tiere und Pflanzen ein lunares Eigenleben haben, was nur logisch erscheint.

Nun ergibt sich rein rechnerisch ein Unterschied zwischen Mond- und Sonnenjahr: 12 Monde (mal 29,5) sind 354 Tage statt 365. Ausgehend vom 1. Januar unserer Zeitrechnung endet das Mondjahr also am 21. Dezember, am Jultag, Tag der Wintersonnenwende und des Jul- bzw. Weihnachtsfestes. Dann beginnt die Zeit „zwischen den Jahren", die Julzeit, denn die folgenden 11 Tage und 12 Nächte bis zum nächsten 1. Januar gehören weder zum alten (Mond-) noch zum neuen (Sonnen-)Jahr. Dies ist die Zeit, in der alles stillsteht, die Zeit des Übergangs, oft auch „Stille Zeit" oder „Tote Zeit" genannt, oder aber die „Zwölften". Jeder „Zwölfte" ist ein Feiertag, symbolisiert einen Monat, ein Tierkreiszeichen, eine Farbe, eine Pflanze usw. Es ist aber auch eine wilde Zeit, denn alles ist in der Schwebe und wirbelt bunt durcheinander: Helles und Dunkles, Großes und Kleines, Junges und Altes. Die Seelen der Menschen sind so empfindsam wie das kleine Lichtfünkchen, das sich in der Weihe-Nacht gerade erst entzündet hat. Die Julzeit ist die Zeit der Regeneration und des fruchtbaren und schöpferischen Chaos, aus dem die Keime des Lebens erwachsen. Die Nächte der Julzeit heißen Rauhnächte, rauh und wild ist ihr Charakter, nicht nur wegen Odins Totenheer. Die Bezeichnung „Rauhnächte" kann man mit Rauch oder „räuchern" in Verbindung bringen. In römischen und griechischen Kulten diente das Rauchen oder Räuchern nicht dazu, böse Geister und Dämonen zu vertreiben, sondern zur Freude und Anlockung der göttlichen Kräfte und der Toten. „Rauch" könnte aber auch in seiner mundartlichen Version „rauh, herb, behaart" gelesen werden und somit die Überleitung zu den mit Masken und Fellen behangenen, in den kalten, rauhen Nächten umherziehenden Perchten bilden.

Diese besonders dunklen Tage zwischen den Jahren geben dem Geheimnisvollen Raum, welches man zu Tage zu fördern und zu ergründen sucht. Es sind auch die „Los-Tage", die prophetische Zeit im Jahr, die Zeit der Pläne, Wünsche und guten Vorsätze für eine lichte Zukunft. Das heutige Blei- oder Zinngießen am Jahreswechsel entspricht dem frühen Runenorakel, der Befragung des Schicksals auf der Suche nach Orientierung - meditatives Bewusst-Machen und Vergegenwärtigen kommender Aufgaben und Freisetzen der benötigten Energien. Das Abschießen von Feuerwerk und Raketen gehört zu den Lärmbräuchen, mit denen nicht vorrangig böse Dämonen - eigene Zukunftsängste - verscheucht, sondern vor allem das Neue Jahr in freudiger Erwartung lautstark begrüßt werden soll: je größer der Lärm des abziehenden Wilden Heeres und der Menschen, die ihm zujubelten - ein „Heidenlärm" im Sinne des Wortes - desto reicher die kommende Ernte. Dennoch hat jeglicher Übergang auch eine bedrohliche, eine unheilvolle Komponente, so auch der Jahreswechsel. Das allgemeine Spektakel hilft, Unsicherheit und Zukunftsängste der Menschen zu übertönen, ähnlich dem sprichwörtlichen „Pfeifen im Wald". Der Jahreswechsel war und ist die beste Zeit, um miteinander zu feiern, sich gegenseitig Glück zu wünschen, denn während der Julzeit ruhten Arbeit und Streit. Feiern und Gelage wurden abgehalten, bei denen das Schwein, der „Jul-Eber" eine Hauptrolle spielte. Deshalb schenkt man sich noch heute zu Neujahr kleine „Glücksschweinchen" z. B. aus Schokolade oder Marzipan.

Weihnachten ist ein altes deutsches Wort. Das Wort „wjh" bedeutet ursprünglich „heilig", daher die analoge Bezeichnung „Heilige Nacht". Im Mittelhochdeutschen hieß die Mehrzahlbildung „wihen nachten" - geweihte Nächte, was darauf zurückzuführen ist, dass eigentlich mehrere Nächte, nämlich die *Zwölften*, gefeiert wurden. Die Nächte um den 21. Dezember erschienen unseren Vorfahren

> Mit *modraneht,* der Mütternacht, begannen die Germanen das neue Jahr. In einigen Regionen Deutschlands hielt sich bis vor kurzem noch die Bezeichnung „Nächte der Mütter" statt „die Zwölften", „denn nun wird der Sonnengott, der Geliebte der Göttin, tief im Schoß der Erde neu geboren. Mit ihm wird das Lebenslicht erneuert", schreibt Wolf-Dieter Storl (*Kräuterkunde*). Und weiter: „Die Menschen nehmen das Wunder dieser geweihten Nächte in ihrer Meditation wahr, zünden Lichter an, lassen einen Eichen- oder Birkenklotz, den Julbock, schwelen und hängen den Wintermaien ... auf. ... Die Asche des Julfeuers galt als heilkräftig und wurde auf Felder gestreut, um diesen Fruchtbarkeit zu bringen" (Storl, *Pflanzen der Kelten*).
>
> Wer wie die Autoren bei mehreren Geburten persönlich dabei war, kennt den Tanz der Mutter und des Kindes zwischen Leben und Tod. Eine Ehrung im Lied (s. S. 68) ist daher zu dieser Zeit mehr als angebracht und natürlich, ohne darin gleich einen „völkischen Mutterkult" oder die Reduzierung der Frau auf eine „Gebärmaschine" zu sehen.
>
> Zu dieser Ehrung korrespondieren auch die magischen (Weihnachts-) Farben Weiß und Rot. Sie symbolisieren die männliche wie weibliche Lebensenergie. „Weiß wie Schnee erscheint das Licht, der reine Geist, die Sphäre des Himmels. Weiß ist das Sperma. ... Rot wie das (weibliche Menstruations-) Blut symbolisiert hingegen universell die weibliche Lebensenergie - Liebe, Leidenschaft wie auch Zauber." (Müller-Ebeling, Rätsch, *Weihnachtsbaum und Blütenwunder*)

„geweiht", weil in dieser dunkelsten Zeit des Jahres der Leben sichernde Wechsel erfolgt: die Wintersonnenwende, mit der sich der Sieg von Licht und Wärme über Kälte und Dunkelheit wieder neu anbahnt. Das Weihnachtsfest wurde auch „Jul" genannt, Fest des Rades. Der Kreis des alten Jahres wird geschlossen, der des neuen aufgetan. Die Wortwurzel „Jul" ist in vielen (alten) Sprachen zu finden, z. B. englisch wheel, aber auch *joel, yule, hvel* und *hveól*. Andere Quellen verweisen auf die lateinischen Wörter *joculus* (fröhlich) und *iugulare* (schlachten). Das finnische *Joulu* mit der ur-nordischen und vor-literarischen Pluralendung ist bereits zur Wikingerzeit von den germanischen Nachbarn entlehnt worden. Offensichtlich ist auch der Bezug der Radsymbolik zur Sonnenverehrung. Sonnenräder, Sonnenwagen und Swastika legen ein vielfältiges Zeugnis davon ab. Das mittelhochdeutsche Wort „sunngiht" (Sonnenwende) trägt den Hinweis auf den magischen Inhalt des Festes in seiner Komponente „giht", was übersetzt soviel heißt wie *Verzauberung*.

die mütter sind wie königinnen

der abend kommt von weit gegangen
durch den verschneiten leisen tann.
dann presst er seine winterwangen
an alle fenster lauschend an.
und stille wird ein jedes haus;
die alten in den sesseln sinnen.
die mütter sind wie königinnen.
die kinder wollen nicht beginnen
mit ihrem spiel. die mägde spinnen
nicht mehr. der abend horcht nach innen.
nur innen horchen sie hinaus.

[Rainer Maria Rilke]

Das Julfest - Weihnachten

Den Höhepunkt der Dunklen Zeit bildet Jul, das Weihnachtsfest. In dieser längsten Nacht des Jahres erfüllt sich das Versprechen der Wiedergeburt. Noch ist die Welt ringsum augenscheinlich tot und regungslos. Die Wasser sind zu Eis erstarrt und regen sich nicht mehr, die Bäume stehen kahl und leblos in der stillen Natur. Der Schnee bedeckt alles, wie ein Leichentuch. Doch in dieser Nacht beginnt alles von vorn. Die „geweihten Nächte" verheißen das Wissen um die große Umkehr, um den Wiederaufstieg des Lichtes und um die Geburt des neuen Lebens. An Jul ist die Dunkelheit gebannt, die Nächte werden kürzer, und was tot schien und verloren, wird wieder erwachen. Das Julfest ist ein harmonisches Netzwerk ineinander greifender Sonnen-, Toten- und Fruchtbarkeitsriten und symbolischer Handlungen zur Neuaktivierung menschlicher und natürlicher Kraft. In früherer Zeit, als die umgebende Natur noch viel unmittelbarer erlebt wurde, hatten die verschiedenen Julrituale große lebenspraktische Bedeutung für die Menschen. Auch heute noch zeugt davon ein reichhaltiges Weihnachtsbrauchtum.

Das Julfest war ein Fest des Lichtes, der Freude und der Hoffnung. Es war ein Fest der Einheit von Sonne und Erde, der Einheit von Mensch und Natur, ein Fest der Versöhnung untereinander. Den wilden Tieren in Feld und Wald wurde Futter gestreut, Streitereien und Kämpfe wurden ausgesetzt - eine Verhaltensbotschaft, die der *Julfrieden* („Julafred") genannt wurde - mit deutlichen Parallelen zur später eingeführten christlichen Friedensbotschaft. Wenn der Julfrieden herrscht, ruht die Arbeit. Kein Thing wird geboten, keine Spindel darf sich drehen, wie ja auch das Rad des Jahres stillzustehen scheint. Das Herdfeuer, das eigentliche Heiligtum des Hauses, Sinnbild der Ewigkeit der Sippe, wird verlöscht wie beim Tode des Hausherrn. Erst wenn in der ganzen Gemeinschaft kein Feuer und kein Licht mehr brennt, kann es durch feierliches Entfachen am gemeinsamen Julfeuer wieder entzündet werden. Jeder Hausvater nimmt einen Julblock mit heim, wo die Flammen sorgfältig gehütet werden bis zur nächsten Wintersonnenwende. Auch im alten - noch nordischen - Griechenland kennt man diesen Brauch. Plinius berichtet: „Die Nordmänner senden in der langen Winternacht ihre Boten auf die Gipfel ihrer Berge, um die wiederkehrende Sonne zu erspähen. Um die Hügel und Steine, an denen man die aufgehende Sonne beobachtet, erhebt sich unermesslicher Jubel, und man feiert das Fest der frohen Botschaft des Lichts. Heilige Kräuter werden verbrannt ..."

Es folgte ein Festessen für die ganze Sippe, der Julschmaus - dieser Brauch ist bis heute unverändert erhalten. Das Julgelage geht zurück auf das altgermanische Opferfest, dessen Kern das heilige, den Sippenfrieden bestätigende und erneuernde Mahl der Gemeinschaft bildete. Noch heute kommt zu diesem Anlass in Schweden der „Julgalt" (Weihnachtseber) oder der „Jultupp" (Weihnachtshahn) auf den Tisch. Das feierliche Julmahl bot außerdem tiefe und ruhige Besinnung in der Gemeinschaft und bildete den Mittelpunkt des Ahnengedenkens. Man erinnerte sich der Toten im Hause und hielt ihnen einen Platz an der Tafel und im Bett frei. Vom kultischen Mahle, dem „blot", weihte man den toten Vorfahren einen Teil. Danach wurde mit Julbier (Met) gefeiert. Das Julbier galt als ritueller Bestandteil des Festes, seine Zubereitung erfolgte nach uralten Regeln. Den rituellen Julbier-Trunk finden wir noch heute im Brauch der „Johannisminne". Die Minne trinkt man an Weihnachten auf das Gedächtnis der Toten. Mit den Gelagen verbunden ist auch die Sitte der Julgrütze sowie der Brauch, dem Vieh am Julabend die „letzte Garbe" zu verfüttern. Frisches Stroh wurde ebenso am Boden und auf dem gemeinsamen Nachtlager ausgebreitet, verbunden mit der Bitte um günstiges Wachstum, ein weiterer Beleg für die enge Verbindung von Ahnen- und Fruchtbarkeitskult. In Skandinavien hat sich bis in die heutige Zeit auch der Brauch gehalten, einen gesonderten Jultisch mit Speisen und Getränken für die verstorbenen Ahnen zu bereiten, die nachts zu Besuch kommen und sich ihren Teil vom Festschmaus holen. Der Jultisch bleibt während der gesamten Festzeit gedeckt und wird von keinem Familienmitglied angetastet. Auch Totenmessen zur Weihnachtszeit sind bei fast allen nordischen Völkern verbreitet.

Der Lichterkranz

Die Nacht ist sternklar und kalt. Die Sippe hat sich um das lodernde Julfeuer versammelt. Im Umkreis von einigen Metern ist der Schnee der Glut der Flammen gewichen, deutlich sind die Spuren des Feuertanzes zu sehen. Vorausgegangen sind Gebete, Gesänge und Bekenntnisse. Dann tritt ein junges Pärchen hervor. „Für unsere Ahnen" schallt es durch die Nacht, und mit dem Ruf schwirrt ein stattlicher Eichenkranz ins Feuer, wo er sofort knisternd und knackend in Flammen aufgeht. Wenige Sekunden später zeugen nur noch einige Funken am Himmel von seiner Existenz.

Solche oder ähnliche Szenen haben sich vielleicht bereits vor mehr als 2000 Jahren in unseren Breitengraden abgespielt. Die Feuer-Opferung von Eichenkränzen - als möglicher Vorläufer der Adventskränze - bildete den Mittelpunkt des Ahnengedenkens. Das Eichenlaub - oder auch das Laub vom Lebensbaum des erst kürzlich Verstorbenen - folgen in der germanischen Mythologie dem gleichen Weg, den auch die Seele des Toten genommen hat. So wurde die Verbindung zu den Vorfahren hergestellt. Der Eichenkranz war auch Sinnzeichen und Symbol des alten Jahres. Mit ihm sollte das Gewesene sichtbar vor allen Augen verbrannt und Platz für das Neue geschaffen werden, um das Ewige zu bewahren. Dieser Aufgabe stellte man sich öffentlich am Julfeuer, denn die Julzeit zwischen den Jahren war und ist auch die Zeit der Gelübde, Schwüre und Bekenntnisse. Die guten Vorsätze für das neue Jahr (an Sylvester) sind ebenfalls in dieser Tradition zu sehen: Altes wird verbrannt, dem Neuen der Weg bereitet. Auch im heutigen Adventskranz kann man insofern einen Bezug zur rituellen Totenehrung unserer Vorfahren sehen. Adventskränze und Grabkränze sind kaum zu unterscheiden. Das Kranzwinden ist in jedem Fall Sinnbild für den Zyklus von Leben und Tod, sei es den Menschen oder auch die Sonne selbst betreffend. Seine Kreisform, das Runde steht für das Zusammenfallen von Anfang und Ende des Jahres, für Niedergang und Erneuerung, für das ewig Zyklische der Natur, für den Übergang.

Die grüne Farbe, vor allem das Immergrün der Tannenzweige symbolisiert Fruchtbarkeit und Leben schlechthin, vor allem in Bezug auf den erhofften Frühling. Die Anzahl der Kerzen, nämlich vier, steht für die vier Wochen des Julmondes sowie für die vier Jahreszeiten und versinnbildlicht damit einmal mehr den immer wiederkehrenden Jahresrhythmus. Die Zahl vier symbolisiert auch die vier Elemente (Erde, Wasser, Luft und Feuer) bzw. die vier Himmelsrichtungen. Das Kerzenfeuer selbst bedeutet - wie auch beim Julleuchter - das Sonnenlicht, welches zunächst immer spärlicher wird, um dann in neuem Glanz aufzuerstehen. Nach alter Sitte werden zu Beginn der Julzeit erst vier, dann drei, dann zwei und schließlich nur eine Kerze angesteckt, als Symbol für die abnehmende Sonnenkraft. Erst am Tag der Wintersonnenwende werden feierlich wieder alle Lichter entzündet. Heute ist es eher üblich, mit einer Kerze zu beginnen; dann kommt jede Woche eine weitere dazu: als ein weiterer Schritt durch den Lebenskreis. Wenn am 21. Dezember schließlich alle vier Kerzen brennen, haben die Menschen den Kreislauf von Leben und Tod bis zum Ende durchlaufen und befinden sich nun, mit der Neugeburt des Lichtes, am Anfang eines neuen Zyklus'.

Seine jetzige Form besitzt der Adventskranz allerdings erst seit kurzer Zeit. Obwohl Kränze, Grünschmuck und Feuer seit jeher fester Bestandteil ritueller Handlungen sind, ist die Kombination „Adventskranz" in Deutschland noch in den dreißiger Jahren praktisch unbekannt gewesen - man beschränkte sich auf Tannenzweige mit Kerzen, Misteln oder auch geschmückte Lebensbäume. Erst gegen Mitte des Jahrhunderts verbreitete sich dieser schöne Brauch von Norden her kommend im ganzen Land und darüber hinaus.

Das Wort „Advent", mit welchem die Vorweihnachtszeit bezeichnet wird, könnte „zu der Wende hin" bedeuten, auch das lateinische „advenire" für *ankommen* ist möglich. Die Adventszeit entspricht dem Julmond (Dezember), welcher der Julzeit (zwischen den Jahren) vorausgeht.

so entsteht ein adventskranz

Als Gerippe eignet sich eine Weidenrute, die zum Kreis gebogen und an den Enden zusammengebunden wird. Auch Strohgebinde sind denkbar.

Vom Tannengrün werden zunächst die größeren, dann immer kleineren Äste auf den Kranz gebunden, dazu eignen sich grünes Garn, Hanfseil oder ein dünner Draht. Jede neue Schicht verdeckt die Befestigung der vorhergehenden.

Die Zweigspitzen zeigen nach rechts. Zur Befestigung der Kerzen dienen Streichhölzer, die auf beiden Seiten angespitzt werden.

Zusätzlich können Granatäpfel, Nüsse oder auch kleine hölzerne Fliegenpilze aufgebracht werden. Wer den Kranz später dem Julfeuer übergeben möchte, sollte allerdings nur brennbare und natürliche Materialien verwenden, also keinen Draht, keine Nägel, keine lackierten Objekte.

so schmücken wir den weihnachtskranz
für der sonne neuen lauf
und stecken ihm mit hellem glanz
vier rote lichter auf.

1. kerze

das erste licht
entzünden wir.
es ist der jugend
beglückende flamme
und trägt das lernen
aus ewigem stamme.

2. kerze

es ist das feuer
der heilenden kraft,
der heiligen sehnsucht
der mutterschaft,
dass allen müttern
es leuchten kann
am weihnachtsbogen
zünden wir's an.

3. kerze

das dritte licht
sei stumm geweiht
den toten
in der ewigkeit
in ehrfurcht neigen
wir uns hin.

4. kerze

auf, haltet euer herz bereit
für einen neuen morgen,
noch wandeln wir
in dunkler zeit,
doch in der
tiefsten dunkelheit
liegt schon das
vierte licht verborgen.

kindergedicht zum festlichen entzünden
der adventskranzkerzen

Der Weihnachtsbaum

Neue Symbole und neue Mythen erschafft die spätere Zeit nicht. Dazu fehlt ihr die Jugendfrische der ersten Existenz. Kaum ein Sinnbild, kaum ein Gedanke, der nicht schon gedacht worden wäre. Aber dem Schatze überlieferter Darstellungen weiß das spätere, mehr auf sein Inneres gerichtete Menschengeschlecht, eine neue vergeistigte Bedeutung zu unterlegen. (nach Johann Bachofen)

Der Weihnachtsbaum bildet ohne Zweifel den Mittelpunkt des Festes. Drei Wesensmerkmale kennzeichnen unseren Weihnachtsbaum: Grünsymbol, Licht und die Eigenschaft als Gabenbaum. Alle drei sind bereits aus der Antike überliefert. Immergrüne Zweige und Misteln als Symbol der Fruchtbarkeit, Licht und neues Leben zur Ehre der Sonne sowie Äpfel, Nüsse und Gebäck als Gaben vom Weltenbaum, Geschenk und Opfer zugleich. Im Weihnachtsbaum verschmelzen diese Ursymbole zu einer ausdrucksstarken Einheit. Wir erleben hier sinnbildlich die harmonische Vereinigung des Grüns der Vegetation mit dem hellen Glanz des Sonnenlichts.

Wenn auch der amtliche Nachweis der Entstehung des Weihnachtsbaumes in der heutigen Form immer wieder in die jüngere Vergangenheit datiert wird, so sind zumindest die in ihm ritualisierten Symbole so alt wie die menschgemachte Kultur selbst. Der Nachweis von Kultbäumen zumindest reicht über die Bronzezeit hinaus bis in die Jungsteinzeit zurück. Die keltischen Druiden nahmen die Zeit der Wintersonnenwende zum Anlass, die immergrüne Mistel zu schneiden. Die alten Ägypter schmückten zur selben Zeit die Gemächer mit den grünen Zweigen der Dattelpalme. Auffällige Parallelen finden sich auch in einer Darstellung des ägyptischen Totenbuchs, die einen durch die Sonne gekrönten Lebensbaum zeigt. Die Isländer schmückten in der Julnacht eine Eberesche mit Lichtern. Überhaupt scheint die Sitte des Weihnachtsbaumes Ausdruck eines Baumkults zu sein, der in der indogermanisch-heidnischen Welt seine festen Wurzeln hat.

Über Ruten (z. B. die gebogene Haselrute als Symbol für den kleinsten Sonnenbogen am Tage der Wintersonnenwende), Kränze und Lichterreihen entstand der lichtergeschmückte Tannenbaum. Historisch sind viele Beispiele von Weihnachtsleuchtern bekannt, teilweise aus Holz und in Baumform, teilweise aus Metall. Ein Vorläufer des Weihnachtsbaumes in der heutigen Form ist sicher auch das alte Paradiesspiel, eine stilisierte hölzerne Pyramide, die mit Äpfeln, Tannenzweigen und Kerzen geschmückt wurde. Zwischenzeitlich von Krieg und Bekehrung zurückgedrängt, tauchen diese Sinnbilder seit dem Mittelalter vermehrt und in immer neuen Formen wieder auf - bis zu einer Hochphase in der Romantik, jener Epoche, während der Rationalität, Freidenkertum und uralte natürliche Ideale eine einzigartige Verknüpfung fanden. Heute führen religiöse Dogmen, die Trennung der Disziplinen und die Entfernung der Menschen von der Natur zu einer eher beiläufigen Sicht der überlieferten Bräuche, irgendwo zwischen mechanischer Ausführung, Gedankenlosigkeit und vollständiger Ignoranz.

Die Auswahl des Baumes

Der Baum selbst sollte eine Fichte oder Tanne sein, denn sie *blühen* im Winter und tragen gleichzeitig ihre Früchte. Auch die Eberesche (schwedisch „julrönn") ist als Weihnachts- und Weltenbaum überliefert, aber sicher nicht für das Hausinnere geeignet. Abgeschlagen werden sollten nur solche Bäume, die auch extra für diesen Zweck gepflanzt wurden, ansonsten bieten sich kleinere Topfbäume an. Nach den Festtagen kann der Weihnachtsbaum eine neue schöne Aufgabe bekommen, indem er - mit Vogelfutter behängt - auf Balkon oder Garten verbracht wird und dort nun einen Bescherungsbaum für die Vogelwelt bietet, die auch teilhaben soll an der freudigen Zeit.

Äpfel

Im Geäst des Baumes hängen allerlei Sinngaben, z. B. rote Äpfel an roten Bändern. Die Farbe Rot steht für Blut, also Leben und Tod, für Feuer, Sommer, Geburt, Leidenschaft und Sonnenkraft. Der Apfel ist Sinnbild des Sonnenkultes und Symbol für Fruchtbarkeit, Wissen und ewiges Leben. In der nordischen Mythologie bewahrt Iduna, die Göttin der Jugend und Unsterblichkeit, elf Jugend bringende Äpfel in einer Truhe auf und schenkt ihrem Gatten Bragi, dem Gott der Klugheit, daraus verjüngende Kraft. Als einmal der Riese Thiassi, von Loki angestiftet, die Äpfel raubte, drohte der Welt Verderben - es gelang aber, den Schatz zurück zu gewinnen.

In vielen anderen Sagen gilt der Apfelbaum als Baum der Erkenntnis. Aus Gräberfunden wissen wir, dass der Apfelbaum die älteste Kulturpflanze mit dem haltbarsten und dauerhaftesten Obst in unseren Breiten ist. Äpfel sind gesund, bekömmlich und sehr schmackhaft. Aufgrund seiner Widerstandskraft gegen den Winter und seiner Lebenskraft sehen wir in ihm pure Sonne. Mit seiner runden Form ist er auch Symbol des ewigen Kreislaufs.

die goldenen äpfel der iduna

apfel mit den gold- und purpurflecken
auf der schale, klar und sanft wie samt,
zitternd wage ich, den gott zu schmecken
der dir innewohnt, dem du entstammst.
namenloses löst der zarte bissen,
da der sonne süssigkeit
beginnt und ist selig,
hostie sich zu wissen,
die nun mild ins blut hinüberrinnt

nach hans kern

Rezept für Bratapfel mit Lebkuchensauce

Zutaten für 4 Personen:
    4 große Äpfel
    20 g Rosinen
    160 g Marzipan
    50 g Butter
    1/2 Liter Milch
    50 g Zucker
    2 Eier
    1 Eigelb
    20 g Lebkuchengewürz

Die Äpfel waschen und mit einem Apfelausstecher das Kerngehäuse entfernen. Die Öffnung oben etwas erweitern und mit Marzipan und Rosinen füllen. Die gefüllten Äpfel auf ein Blech geben, mit der Butter beträufeln und in den vorgeheizten Backofen geben. Bei 150° ca. 30 Minuten backen. Besonders lecker werden die Bratäpfel, wenn man sie im Römertopf zubereitet.

Für die Lebkuchensauce: Lebkuchengewürz in die Milch geben und aufkochen. Die Eier mit dem Zucker verrühren und nach und nach die heiße Milch hinzugeben und bei mittlerer Hitze andicken lassen. Den fertigen Bratapfel auf einem Teller anrichten, phantasievoll verzieren und mit der noch heißen Lebkuchensauce überziehen.

Baumspitze

Üblicherweise wird die Spitze des Weihnachtsbaumes mit einem großen goldenen, meist achtstrahligen Stern geschmückt. Die acht Strahlen stellen die acht Speichen des natürlichen Jahresrades dar, der Stern selbst als Sonnensymbol hat ebenfalls astronomische Bedeutung. Licht, Glanz und Leben der neuen Sonne sollen auch die Festgemeinschaft erfassen. Zuweilen sind die Weihnachtssterne bzw. -sonnen drehbar befestigt, eine weitere Anspielung auf das Jahresrad.

In manchen Regionen hängt man den Weihnachtsbaum mit seiner Spitze an der Decke auf, so dass er frei schwebt und sich drehen kann. Diese hängenden Bäume heißen „Welt" oder „Himmel", was auf den Weltenbaum bzw. Lebensbaum hindeutet, der in der Mythologie fast aller Völker eine große Rolle spielt. Bekannt ist auch die Bezeichnung „Unruhe der Welt", womit auf den Übergangscharakter und die Unordnung der Zeit zwischen den Jahren hingewiesen wird.

Nüsse

Nüsse reifen wie Äpfel am spätesten im Jahr und sind mit Abstand am längsten haltbar. Zudem tragen sie ihre Lebenskeime in sich. Nüsse am Weihnachtsbaum und bei der Bescherung deuten also an, dass das Leben weitergeht.

Lametta

Der Brauch, den Weihnachtsbaum zu versilbern oder auch zu vergolden, soll in erster Linie sein Leuchten, seinen Glanz und damit die Festlichkeit der Erscheinung erhöhen. Hintergründig ist auch der alte alchimistische Wunsch zu vermuten, Blei in Gold bzw. Silber verwandeln zu wollen - eine psychologische Absicht, die sich zuallererst auf den Geist des Adepten bezieht: Er muss in die Abgründe seiner eigenen Psyche hinabsteigen, den unbewussten, verdrängten Aspekten seines Selbst begegnen und diese „vergolden" - also transformieren, positiv auflösen, um als neuer, vervollkommneter Mensch wiederzuerstehen.

Aus ästhetischen und auch ökologischen Gründen benutzen wir allerdings kein industrielles Lametta, zumal es kaum wieder verwendet bzw. anderweitig verwertet werden kann.

Krippen

Die Vorstellung eines göttlichen Kindes gehört zu den religiösen Urideen der Menschheit. In vielen vorchristlichen Mythen wird ein solcher Gottessohn als „das Licht der Welt" bzw. als „Licht des Lebens" gepriesen, mit deutlichem Bezug zum Sonnenkult. Und fast immer lag das Sonnenkind in einer Krippe, was vom Grundbegriff des Wortes her *Flechtwerk* bzw. *Korb* bedeutet. Dionysos, Hermes und Zeus z. B. wurden der Sage nach als Neugeborene in einem Korb liegend gefunden, bevor sie ihr gutes Werk an den Menschen verrichten konnten. Auch das christliche Bild des guten Hirten, der ein Lamm (an Kindes Statt) trägt, war bereits in der Antike vorgeformt. Kind, Stern, Wiege und Krippe unter dem Weihnachtsbaum sind also kultur- und zeitübergreifende Symbole für die Neugeburt des Lebens, des Lichtes.

Kind

Sinnbildlich haben unsere Vorfahren also die neu erstehende Sonne mit einem neugeborenen Kind verglichen, das von Tag zu Tag größer und stärker wird. Als Kennzeichen der Sonne trug dieses Kind den Strahlenglanz des Lichtgestirns um sich - bis der neuen Lehre dieses Gleichnis eines Tages missfiel. Man nahm das Sonnenkindchen aus der Wiege und legte einen Knaben aus einem fremden Volk hinein. Der Sonnenkranz wurde zum Heiligenschein, Johannes (8,12) lässt Jesus sagen: „Ich bin das Licht der Welt". Noch heute besingen die Kinder „Alle Jahre wieder" die ständige Wiedergeburt (eigentlich des „Lichterkindes", also der Sonne, denn das „Christuskind" wurde ja nur einmal geboren…).

Sinnvoll sind 12 Kerzen, eine für jeden Monat des nächsten Jahres. Die Kerzenfassungen symbolisieren Blütenkelche, Geburtsort der Frucht, des Lichtes. Das Kerzenlicht verleiht der Freude über die wiederkehrende Sonne und den Neubeginn des Lebens Ausdruck. Die Kerzen sollten erst am Weihnachtsabend gemeinsam feierlich entzündet werden.

Tiere

Bei der heiligen Handlung der symbolhaften Lichtgeburt waren z. B. in den altindischen Veden zwei Tiere zugegen: ein Esel, der das Holz für den Feuerstoß herbeigetragen hatte, und eine Kuh, welche die Butter zur Salbung gab. Aus diesen Ur-Erinnerungen ist noch heute dem Hindu die Kuh heilig. Auch in unseren volkstümlichen Darstellungen des Stalles zu Bethlehem sind Esel und Kuh zugegen, das Weihnachtsevangelium (Lukas 2, 7-16) aber führt sie nicht an. Ohne Zweifel handelt es sich also um vorchristliche Symbole. Hätte man die Tiere eines zeitgenössischen Stalles um Jesu Geburt aufführen wollen, so müsste man auch Schafe, Ziegen und Kamele aufgenommen haben. Diese sind aber in keiner Version zu finden. Wir verwenden deshalb heimische Tierfiguren, um den Myhtos der Geburt des Sonnenkindes zu illustrieren.

Weihnachtskugeln

Der Kugelschmuck ersetzt oder ergänzt die symbolischen Früchte des Weihnachtsbaumes. Die Form lässt den Apfel als Vorbild erkennen. Die immer wiederkehrenden Früchte sind oft vergoldet, um auf die Sonne oder die heiligen Feuer und Lichter hinzuweisen. Auch die anderen Grundfarben haben eigene Bedeutungen, z. B. Rot als Symbol für Feuer, Sonne und Leben.

Besonders schön und eindrucksvoll sind Weihnachtskugeln mit selbst gestalteten Motiven. Dies können Runen, Weihnachtssymbole, Namenszeichen oder Flechtmuster sein - der eigenen Phantasie sind keine Grenzen gesetzt. Als Grundlage dienen einfarbige Weihnachtskugeln mit beschrift- bzw. bemalbarer Oberfläche. Zum Bemalen können praktisch alle gängigen Farben (Wasser-, Körper-, Acryl, Öl- und Ostereier-Farben) verwendet werden, auch Bunt-, Wachs-, Filz- und Folien-Stifte sind geeignet. Besonders gute Ergebnisse erzielt man mit dünnem Pinsel und Modellbaufarben, wie es sie in jedem Fachgeschäft zu erwerben gibt - und einem ruhigen Händchen.

Weihnachtskugeln

selbst
GESTALTEN

sinngebäck

symbole in teig

spiralen, sonnenwirbel und flechtmuster zeigen die unerschöpfliche vielfalt der ausgestaltung kultischer gebildbrote.

Sinngebäck

Mürbe- oder Lebkuchenteig, zu allerlei Formen gebacken, bereichert von jeher den Weihnachtsbaum und auch einzelne immergrüne Zweige in den Stuben.

Sterne, Monde, Herzen und auch die Darstellung historischer oder mythologischer Figuren als Gebildebrot sind im gesamten europäischen Kulturkreis bekannt. Auch Sonnen(räder) und Fruchtbarkeitssymbole können leicht nachempfunden werden, eine schöne vorweihnachtliche Aufgabe für die ganze Familie.

Unser Sinngebäck dient nicht nur dem späteren Verzehr, sondern als festliche Beigabe zum Überbringen guter Wünsche - auch zur feierlichen Übergabe in das Julfeuer.

Rezept für Gebildebrote und Sinngebäck

Das hier vorgestellte Rezept ist das Ergebnis unzähliger gelungener und fehlgeschlagener Versuche und Experimente. Es hat sich herausgestellt, dass es keinen Sinn ergibt, exakte Mengenangaben zu machen, wenn man nicht gleichzeitig sicherstellen kann, dass auch die Zutaten exakt die gleichen sind. Letztendlich ist nur wichtig, dass ein gut formbarer Teig entsteht, - nicht zu flüssig, aber auch nicht zu fest - der gut in den Händen liegt, phantastisch duftet und durch seine goldbraune Farbe die Augen liebkost.

Wir nehmen also:

- Einen Mürbeteig: Vollkornschrot, etwas Weißmehl dazu, Zucker oder Honig, und etwas Treibmittel (weniger als bei Mürbeteig üblich, sonst verlaufen beim Backen die Symbole).
- Jetzt eine Mischung aus Quark, Butter und Eiern dazurühren.
- Zum Schluss die Gewürze hinzufügen: Zimt, Anis und Nelke, aber auch Kardamom passt gut. Wer will, kann auf fertige Lebkuchengewürzmischungen bzw. Neunerlei zurückgreifen.

Aus diesen Zutaten muss, wie oben gesagt, ein gut formbarer Teig entstehen. Lassen Sie sich nicht entmutigen, wenn es nicht gleich klappt. Die wertvollen Dinge des Lebens muss man sich erarbeiten und verdienen, darin liegt die Kunst. Man vertraue dabei ganz seinen Sinnen: den Händen, die den Teig kneten, der Nase, welche die Düfte und Gewürze wahrnimmt, sowie den Augen. Niemals kann aus einem Teig, der nicht gut duftet und noch schlechter schmeckt, stimmungsvolles Sinngebäck entstehen. Farbe, Form und Geruch, nicht zuletzt auch der Geschmack entscheiden, ob aus diesem Teig wahrhaft weihnachtliches Gebildebrot wird.

Fliegenpilz

Warum werden auch heute noch kleine hölzerne Fliegenpilze als Weihnachtsschmuck und Glücksbringer zu Neujahr verkauft? Die Antwort ist - wie so oft - in vorchristlicher Zeit zu suchen. Die Wirkstoffe des Fliegenpilzes sind bei dosierter Anwendung geeignet, psychedelische Trancezustände herbeizuführen. Auch eine aphrodisierende Wirkung ist zu attestieren. Entsprechend hatte der Fliegenpilz seinen festen Platz bei verschiedenen rituellen Zeremonien unserer Vorfahren, vor allem zur Wintersonnenwende. Im Herbst gesammelt und getrocknet, wurde er zur Winterfeier vorzugsweise gegessen oder geraucht. Belege dieser Praxis finden sich in ganz Europa bis hin nach Griechenland. In Rußland sind heute noch Rezepte zur Beimischung von Fliegenpilz zum Wodka bekannt. Aus medizinischer Sicht muss der Fliegenpilz im Gegensatz zu anderen giftigen „Kollegen" eher als harmlos eingestuft werden.

Zum besseren Verständnis muss angemerkt werden, dass die „schauende Entrückung" fester Bestandteil der Weihnachtskulte der Völker war. Etwa Odins Wildes Heer in den vorbeifliegenden Wolken zu erkennen, erfordert eine gewisse Ekstase. So galt auch der Met, feierlich genossen, als „göttliches Feuer". Während solches „Erleben der Seele" von christlicher Seite scharf bekämpft wurde, gaben sich die alten Europäer zu den entsprechenden Anlässen gerne dem „Kultrausch" hin, indessen sie „die Götter besser zu schauen vermochten".

Tatsächlich genießen sanfte Rauschmittel auch heute noch große Bedeutung bei den Feierlichkeiten der Menschen, man denke nur an die Kulturdrogen Alkohol und Nikotin. Drogen können eine Erweiterung des Bewusstseins und starke Gemeinschaftserlebnisse vermitteln. In der Regel überwiegen bei maßvollem Genuß diese positiven Aspekte vor den möglichen nachteiligen Folgen.

Der Baum der Erkenntnis gleicht auf vielen mittelalterlichen Darstellungen dem Fliegenpilz - Ergebnis der fortwährenden Verteufelung durch die Kirche. Der Fliegenpilz als Weihnachtsbaumschmuck hat sich bis heute gehalten und dokumentiert eine aufgeschlossene Haltung zur gemeinsamen Ausgelassenheit bei dieser Feier und den Bezug zur naturreligiösen Weltschau des alten Europa.

Der Julbogen

Der Julbogen vereinigt wie der Weihnachtsbaum alle wesentlichen Symbole - Fruchtbarkeit, Licht und neues Leben - in einem. Die im Halbkreis gebogene Form ist Sinnbild des Sonnenlaufs und mit der Lebensrute Symbol für die ewige Wiederkehr des Lebens. Die Rute wird meist von raschwachsenden, saftigen und heilkräftigen Bäumen oder Sträuchern geschnitten wie z. B. Hasel, Birke, Flieder, Wacholder, Kirsche oder Linde. Ebenfalls aus Haselruten wird der Lebensbaum gebunden, der das Innere des Bogens füllt. Die Äste des Lebensbaumes tragen die immergrünen Zweige der Beständigkeit, der Treue und der Unsterblichkeit. Wir nehmen dafür Buchsbaum, Efeu, Tanne und Mistel.

Aus dem Grün heraus ragen die vier roten Kerzen am Sonnenbogen. Allerlei Gegenstände hängen im Geäst des Lebensbaumes: rote Äpfel an roten Bändern, Sinngebäck, Sterne usw. Die Kerzen brennen so, dass sie das abnehmende Licht symbolisieren, also erst vier, dann drei, dann zwei und am Schluss nur noch eine - bis am Tag der Sonnenwende dann die zwölf Kerzen des Weihnachtsbaumes ihr warmes und üppiges Licht aussenden.

Die Julbögen auf den folgenden Seiten zeigen die Symbolik des Sonnenjahres. Hier sehen wir die drei Nornen - Urd, Werdandi und Skuld, die Weberinnen der Menschenschicksale. Die Junge trägt alles Werdende über einer Mondscheibe, die Reife gibt und erhält alles Lebende im Zeichen der Sonne, und die weise Alte ist die Erde. Das symbolisiert das ausgeprägte Flechtmusterband am Saum ihres Kleides. Als „Tödin" spinnt und durchschneidet sie den Lebensfaden.

Man kann die Symbolik der drei Nornen auch in einer einzigen Gestalt verdichten und darstellen. In diesem Fall wandelt sich die Figur zur Großen Göttin, als Hüterin der kosmischen Ordnung.

1. Kerze

Ein Jahr muss vergehen,
in alle Welt verschneit,
und wird doch bald erstehen
hoch über alle Zeit.

urd

werdandi

skuld

2. Kerze

das alte jahr muss bringen
sein licht dem jungen jahr,
doch seine sterne springen
am ganzen himmel gar.

3. Kerze

ein jahr muss vergehen,
in alle welt verschneit,
und wird doch bald erstehen
hoch über alle zeit.

erdmutter

Stroh

In den alten Religionen musste der zarte Lichtfunke zu Weihnachten - das neugeborene Lichtkind oder auch später, z. B. in der christlichen Legende - der neugeborene Gottessohn - zur hellen Flamme entfacht werden. Aus Indien z. B. ist überliefert, dass man dazu das glimmende Holzmehl vorsichtig auf Heu oder Stroh legte. Um das Aufflammen zu beschleunigen, fügte man dem Funken leicht entzündliches Fett zu. So wurde der Gottessohn zum „akta", zum „Gesalbten". Auch Jesus wurde gesalbt und bekam sogar den griechischen Beinamen „christos" (der Gesalbte). Das aufflackernde Stroh wurde nun an den vorbereiteten Holzstoß gelegt. Hell loderte dieser auf und strahlte die frohe Botschaft vom Sieg des Lichts weit in das Land hinein. Wir benutzen das Stroh zum Ausschmücken des Bodens unter dem Weihnachtsbaum (ein Eimer Wasser in der Nähe sollte sicherheitshalber nicht fehlen) und zum Basteln der Weihnachtssterne.

Strohsterne

Strohsterne basteln ist ein schöner Brauch für die ganze Familie. Die kleinen Licht- und Sonnensymbole finden nicht nur am Weihnachtsbaum Verwendung, sondern auch an immergrünen Zweigen in der Wohnung und an den Fenstern. Gerade das Stroh als verwendetes Material stellt den Bezug zu Natur und Ernte her, es transportiert den Wunsch nach Fruchtbarkeit und Wachstum. Der Stern strahlt hell in alle Richtungen und verkündet die Botschaft des wiederkehrenden Lichtes.

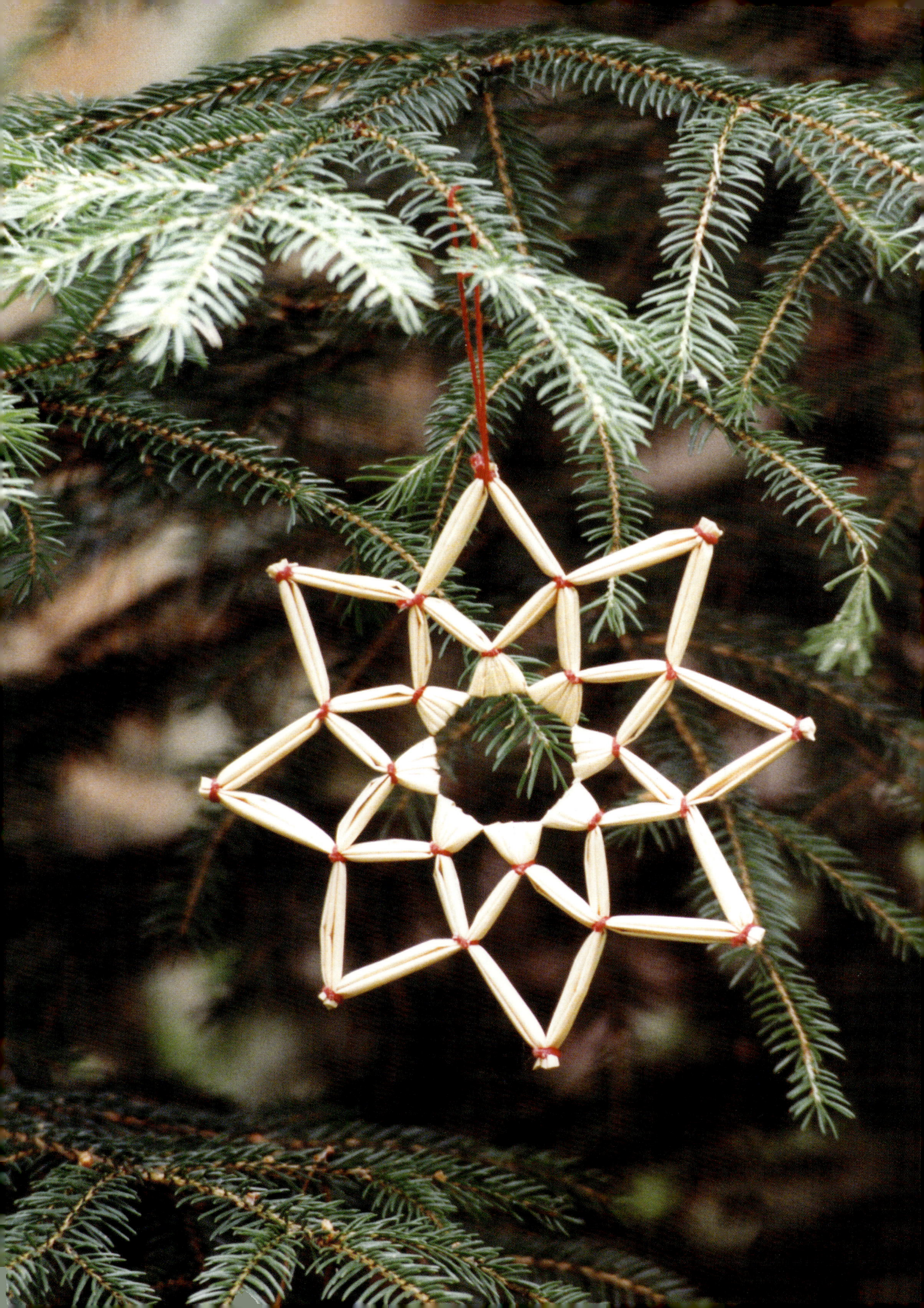

Der Klausenbaum

Der Klausenbaum oder auch „Julapfel-Leuchter" ist ein Weihnachtsleuchter in Form einer Pyramide. Sein Name ist abgeleitet vom Nikolaus, der aufgrund des christlichen Einflusses in jüngerer Zeit Knecht Rupprecht bzw. Odin in einer seiner vielen Verkleidungen ersetzte. Gleichen Ursprungs sind die sog. Klausensteine, Klauswecken und Klosahölzer. Der Ursprung des Klausenbaums wird in Süddeutschland vermutet, ähnliche Weihnachtspyramiden sind aber auch aus Friesland, den Nord- und Ostseeinseln und Schweden überliefert.

Die Herstellung eines Klausenbaums ist sehr einfach, und doch verbreitet er eine außergewöhnliche Atmosphäre. Benötigt werden 4 Äpfel, vier Kerzen und sechs Holzpflöcke. Zunächst werden die Holzpflöcke auf eine einheitliche Länge von maximal 30 Zentimetern gebracht und an beiden Seiten angespitzt.

Drei Äpfel werden mit drei Holzpflöcken zu einem liegenden Dreieck verbunden, dann werden die übrigen Pflöcke - durch den vierten Apfel zusammengehalten - schräg aufwärts gerichtet angebracht. Auf diesen obersten Apfel sowie auf die drei liegenden Verbindungsstücke werden die Kerzen gesetzt - in der Regel genügen einige Tropfen Kerzenwachs, um die notwendige Stabilität zu garantieren. Evtl. sollten die Verbindungsstäbe vorher entsprechend eingekerbt bzw. abgeflacht werden. Je nach Geschmack fügen wir Tannengrün oder Nüsse hinzu. Mit etwas Geschicklichkeit kann der Klausenbaum nach unten um weitere *Stockwerke* erweitert werden.

Diese einfache Konstruktion ist voll von weihnachtlicher Symbolik. Die äußere Form spielt auf den *Weltenberg* an, der nach indogermanischem Mythos in der Weltmitte steht. Kerzen, Äpfel, Nüsse und Immergrün folgen dem Bild des Weihnachtsbaumes. Die vier Seiten der Pyramide entsprechen den vier symbolischen Elementen: Feuer, Erde, Luft und Wasser - Basis der sichtbaren Wirklichkeit. Teilweise wird in den verschiedenen Pyramidenformen auch die Nachbildung alter Kulttürme gesehen, in denen das heilige Feuer brannte.

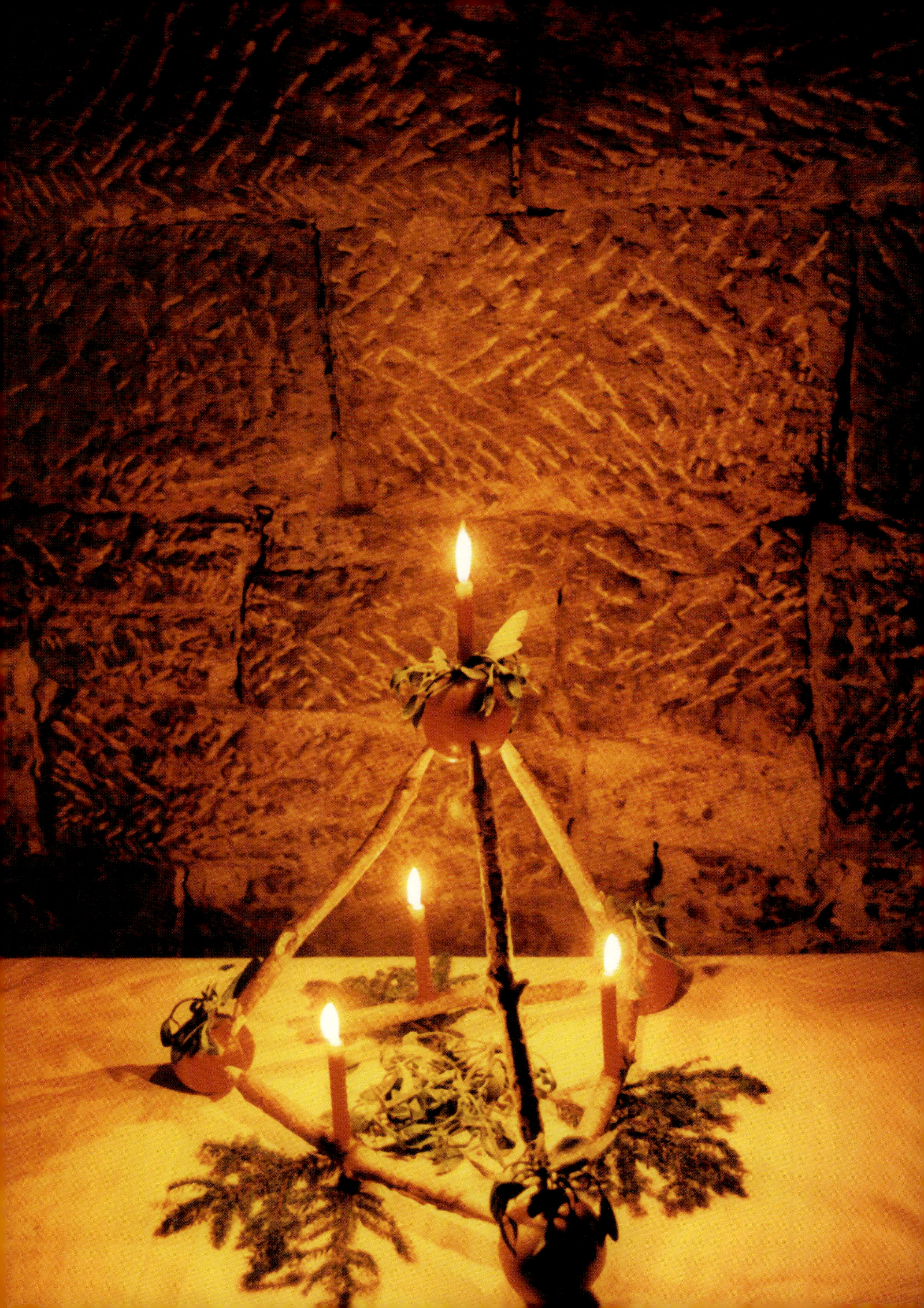

die kerze

freude strahlt die brennende kerze
uns in die augen;
lächelnd umhüllt sie mit festlichem glanz
den abend des tages,
von heiterer, seliger fülle
reichlich verschenkend.

licht durchbricht das dunkel
der nacht, des lebens, der welt;
mutig gibt es im unmass der finsternis
hoffnung und trost -
als ziel unserer blicke
lenkt es die augen auf sich.

wärme scheidet das licht der kerze
von anderen lichtern,
die unerbittlich gerecht
das gute und böse entdecken.
sie schmückt die welt barmherzig
mit goldenem glanz.

Leben wächst, quillt und geschieht:
so auch die Flamme.
Stoffe wandelnd, verzehrend
geschieht das Ereignis des Brennens,
und heimlich birgt es
den Keim zu verheerendem Feuer.

Stille und Zucht jedoch adelt
das Leuchten der brennenden Kerze,
Ruhe und Sammlung gewährt sie denen,
die vor ihr verharren
und nimmt sie hinein in ihr klärendes,
friedliches Schweigen.

Schönheit schenkt sie den Dingen
und Menschen, die sie umgeben,
lehrt uns, in Wahrheit
und Liebe zugleich die Welt zu sehen
und verrät so an uns
das Geheimnis des Schönen.

Liebe lässt uns die leuchtende Kerze
der Reinheit erkennen;
anderen zu leuchten gibt sie
sich selbst verzehrend dahin –
sterbend im Zeichen für das,
was den Tod überwindet.

(Michael Bugow)

scheu und verletzlich

scheu und verletzlich wirkt das kleine feuer
im inneren des julleuchters, gerade so,
als ob jeder windhauch es zum erlöschen
bringen könnte.
und doch strahlt es wärme und
geborgenheit aus, gleich einem wohn-
oder herdfeuer in alter zeit.
immer kleiner wird die julkerze,
jeden tag ein stückchen,
jeden tag zaubern die
tönernen wände des leuchters
andere, längere schatten
an die wand.
am letzten tag des herbstes
aber wendet sich das blatt:
anstelle des stumpfes im inneren
thront nun eine neue schöne kerze
ganz oben auf der spitze und
taucht die umgebung in hellen glanz.
der winter ist da,
und mit ihm die wende:
der kürzeste tag des jahres
liegt hinter uns, heute nacht
ist die längste nacht.
ab morgen weicht die dunkelheit
dem licht, jeden tag ein bisschen mehr,
und wir begrüssen die neue lebenskraft der sonne
mit dieser kerze.

Der Julleuchter

Während der Abende bis zum 21. Dezember symbolisiert das spärliche Licht der Kerze im Inneren des Julleuchters das scheidende Jahr, die sterbende Sonne, die dunkle Zeit. Zur Sonnenwende wird die Kerze hervorgeholt und auf die Spitze des Leuchters gesetzt. Im Anschluss daran können der Weihnachtsbaum sowie alle vier Kerzen des Adventskranzes entzündet werden – das neue Licht ist geboren und füllt den Raum ganz aus. Später am Abend sollte die Kerze des Julleuchters durch eine neue ersetzt werden, damit der Leuchter die gesamte Nacht brennen und am nächsten Morgen gemeinsam mit der aufgehenden Sonne den Anbruch des neuen – längeren – Tages erleben kann.

Das allabendliche Entzünden des Julleuchters in der Vorweihnachtszeit ist ein gleichermaßen einfaches und schönes Ritual für die ganze Familie zu Hause, auch die Kleinsten haben viel Freude daran. Größere Vorbereitungen sind genauso wenig nötig wie der Einsatz spezieller Hilfsmittel – mit Ausnahme des Julleuchters eben. Er besteht in der Regel aus gebranntem Ton und ist mit verschiedenen Sonnensymbolen verziert. Handgefertigt entfaltet jeder Leuchter sein eigenes Schattenspiel.

Das Julleuchter-Ritual ähnelt in Ausführung und Symbolik bezüglich der Erwartung des neuen Lichts der Adventskranz-Tradition, birgt aber auch Reste kultischer Feuererneuerung – das Julfeuer im Kleinen – in sich.

„Es steckt eine tiefe Weisheit in dem alten Brauch."

Der nachfolgende kleine historische Exkurs erscheint uns notwendig, da gerade unsere Ausführungen zum Julleuchter in den vorangegangenen vier Auflagen dieses Buches immer wieder Kritik hervorriefen.

Die einen bemängelten, daß wir kein Wort über die Verwendung des Leuchters in Ritualen der SS verloren, die anderen zweifelten gar seine traditionelle Herkunft an. So beschrieb Judith Breuer, Trägerin einer offiziellen Auszeichnung des *Bündnis für Demokratie und Toleranz*, in ihrem Buch *Von wegen Heilige Nacht*: „Einen 'Jul-Leuchter' aus Ton, mit 'Sinnzeichen' verziert und angeblich nach einem altgermanischen Vorbild gefertigt" (S. 93). In einem Artikel der WamS vom 14.12.2003 läßt sie sich mit dem Satz „Dieser Kerzenständer soll bei Ausgrabungen gefunden worden sein, das ist aber nicht bewiesen" zitieren.

Hier die Fakten:

Es war Hermann Wirth, später Präsident des Vereins *Deutsches Ahnenerbe*, der 1933 den Leuchter erstmals in Text und Bild in seinem Buch *Ura-Linda-Chronik* vorstellte. Ab 1935 wurde der Julleuchter dann von Heinrich Himmler, zunächst an SS-Führer, später auch an Mannschaften und die Witwen Gefallener verschenkt. Ein urkundenartiges Beiblatt trug seine faksimilierte Unterschrift:

„Ich schenke Ihnen diesen Julleuchter. ... Das kleine Licht, das unter dem Leuchter sitzt, brenne als Sinnbild des zu Ende gehenden Jahres in seiner letzten Stunde. Das große Licht flamme auf im ersten Augenblick, da das neue Jahr seinen Gang anhebt. Es steckt eine tiefe Weisheit in dem alten Brauch. Möge jeder SS-Mann das Flämmchen des alten Jahres reinen, sauberen Herzens verlöschen sehen und erhobenen Willens das Licht des neuen Jahres entzünden können. Das wünsche ich Ihnen und Ihrer Sippe heute und in alle Zukunft."

Am 16.01.1936 erfolgte die Anmeldung beim Reichspatentamt in Berlin als Gebrauchsmuster. Dabei wurden vor allem auch die beiden Symbole, nämlich das „Jahresrad, das heilige Jul, und das Herz, das Sinnbild germanischer Gottinnigkeit" (Dr. J. O. Plassmann: Der Jahresring, 1936) erwähnt und geschützt.

Bis in das letzte Kriegsjahr hinein übersandte Heinrich Himmler den Inhabern der Leuchter regelmäßig zum Ende des Jahres die sogenannte Julkerze.

Die Leuchter selbst wurden in der SS-Manufaktur Allach als auch in den Werkstätten des KZ Neuengamme gefertigt. Anhand vorliegender Dokumente dürfte die Gesamtproduktion weit über 300.000 Stück betragen haben. So verwundert es nicht, dass sowohl der Leuchter an sich als auch sein Licht-Ritual bei vielen Familien heute normaler Bestandteil der Weihnachtszeremonie sind, sozusagen zu den „Weihnachtssachen" gehören. Dies umso mehr, als die Leuchter nicht ausschließlich auf Versteigerungen (Wendl Kunst-Auktionshaus, Juni 2005, Nr. 3275) zu erwerben sind, sondern Neuanfertigungen vornehmlich aus Flandern und den baltischen Ländern kommen.

Grundlegend falsch ist die Behauptung eines fehlenden Beweises über das Alter und die Herkunft des Leuchters und somit auch die Implikation, der Julleuchter sei eine Erfindung der SS. Richtig ist, dass der Julleuchter im Ort Veddinge im Kreis Viske (Halland, Schweden) gefunden wurde. Seit 1882 steht er im Nordischen Museum in Stockholm (Inventar-Nr.: 32.477). 1888 wurde ein Bild in der schwedischen Wissenschafts-Zeitschrift Runa veröffentlicht (S. 20). Ein ähnlicher Leuchter findet sich im Freilichtmuseum Skansen. Das Staatsarchiv Detmold verfügt über Fotomaterial hierzu. Anna Womack, die zuständige Kuratorin des Nordiska Museet, schreibt am 31.05.2000: „The candlestick...could be dated to the 18th century".

Somit ist klar, dass der Julleuchter altehrwürdiges heidnisches Bauernerbe darstellt, das von den Nationalsozialisten lediglich übernommen wurde.

Leider existieren keine gesicherten Angaben darüber, inwieweit das beschriebene Licht-Ritual ebenfalls auf altes schwedisches Erbe zurückgeht oder von Hermann Wirth oder gar Heinrich Himmler neu erschaffen wurde.

Es muß nun jedem selbst überlassen bleiben, ob man aus verständlichen Gründen gegenüber dem Julleuchterritual lieber Abstand wahrt oder ihm - immer eingedenk der historischen Sachlage - als dennoch sinnreiches Weihnachtsritual in der eigenen naturreligiösen Zeremonie einen Platz gewährt.

Aber die Option, etwas zu tun oder zu lassen, gilt letztendlich für alle in diesem Buch vorgestellten Rituale ...

[Notenzeile: Hohe Nacht der klaren Sterne, die wie weite Brücken stehn über einer tiefen Ferne, drüber unsre Herzen gehn.]

Worte und Weise: Hans Baumann
Siehe Kasten S. 36.

hohe nacht

Hohe Nacht der klaren Sterne,

die wie weite Brücken stehn

der klaren sterne

über einer tiefen Ferne,

drüber unsre Herzen gehn.

Hohe Nacht der großen Feuern,

die auf allen Bergen sind –

heut muß sich die Erd' erneuern

wie ein junggeboren Kind.

Mütter, euch sind alle Feuer,

alle Sterne aufgestellt,

Mütter, tief in euren Herzen

schlägt das Herz der weiten Welt.

lieder...

lichtwende

Hermann Claudius & Gottfried Wolters
Kanon zu drei Stimmen

Licht muß wieder werden nach diesen dunklen Tagen.
Laß uns nicht fragen, ob wir es sehen.
Auferstehen wird ein neues Licht.

... für die Feier am Baum oder am Feuer

zur sonnenwende

zur sonnenwende
sonne, die uns leben spendet,
die uns leuchtend warme strahlen sendet,
sonne, die uns hoffnung kündet,
die uns mit dem all verbündet,
sonne, die ein schicksal wendet,
die die längste nacht beendet,
sonne! scheine tief in uns hinein!
lass uns leuchtend flamme sein!

(h. wilhelm)

Feuer

Der Feuerkult

Feuer genießt seit jeher die Ehrfurcht der Menschen. Kaum ein Element ist so gegensätzlich in seiner Wirkung, nirgendwo liegen das auf- und das abbauende Prinzip so dicht beieinander. Die magische Anziehungskraft des Feuers auf die Menschen hat viele Gründe. Feuer spendet Wärme, Licht und Leben und war lange Zeit unentbehrlich bei der Speisenzubereitung. Das Leuchtfeuer weist dem Schiff die Richtung, auch symbolisch: kein Orakel, keine Visionssuche ohne die meditative Kraft des Feuers. Faszination strahlt es aus, und Atmosphäre: freundlich und seelenwärmend ist das Spiel der Flammen. Sein Knacken und Knistern, das Kräuseln des Rauchs und das Stieben der Funken in sternklarer Nacht ziehen den Betrachter in ihren Bann - auf eine Weise, die altes Wissen zu wecken scheint, die mehr als bloße „Gemütlichkeit" bedeutet. Der „Lebensfunke" glimmt auch in unserer Mitte, erlischt er, bleibt der Tod.

Im Gegensatz dazu stehen die verzehrende Gewalt des Feuers, seine Wildheit, seine Unkontrollierbarkeit und seine zerstörerische Kraft. Der Blitz, der mit lautem Donnerkrachen vom Himmel fährt, bringt Feuer und Verwüstung. Das Feuer löst die Formen auf, selbst Farben haben keinen Bestand, am Ende ist Ruß und Schwärze. Unter der sengenden Hitze des Feuers schmilzt alles dahin, Eis wird zu Wasser und Wasser zu Dampf; Holz wird zu Asche und diese zum Opfer des Windes. Scheinbar bleibt nichts, und doch bleibt alles, nichts geht verloren. Materie wird zu Energie - Feuer ist Verwandlung, Transformation zum Urzustand. Feuer ist Reinigung, Entschlackung und Entflechtung. Feuer ist eine Urgewalt - faszinierend und Furcht einflößend zugleich.

So verwundert es nicht, dass Feuer zum festen Bestandteil der Kulthandlungen aller Völker, Zeiten und Erdteile wurde. Der Feuerkult war allerdings nirgendwo ausgeprägter als in den Breiten der strengen Winter, dem Europa „zwischen dem Eis". Die Sehnsucht der Bewohner nach der lebensspendenen Sonne - gerade in den Wintermonaten - prägte die Rituale: Flammenschalen, „Ewige Feuer", Feuerwächter, Lebensleuchter, Neu- und Jahrfeuer, Feueropfer und Räucherungen sind feste Bestandteile indogermanischer Kultur.

wer je die flamme umschritt,
bliebe der flamme trabant.
wie er auch wandert und kreist,
wo noch ihr schein ihn erreicht,
irrt er zu weit nie vom ziel.
nur wo sein blick sie verlor,
eigener schimmer ihn trügt,
fehlt ihm der mitte gesetz,
treibt er zerstiebend ins all.

[stefan george]

kult

... wir stossen unsere fackeln
tief in das reisig des feuerstosses.
stimmen flüstern sich knackend zu und
weiten sich prasselnd aus.
die trommeln raunen um letzte geheimnisse.

eine heisse, unbändige gewalt löst sich
wie ein geburtsschrei von der erde und
schiesst in die weiten des himmels.
was sich in jahrtausenden aufgespeichert hat,
wird opfernd hingerissen
in das zentrum der sonne.
gleissendes feuer erhellt,
durchwärmt, verbrüdert.

lodernde glut

wir reichen uns die hände –
wintersonnenwende!
heilsamer lichtritus der ahnen ...

Das Julfeuer

Der Höhepunkt der Julfeier und Beginn der Julzeit ist das Entzünden des neuen Feuers bzw. des Julfeuers. Die wichtigsten Elemente dieses Rituals sind das Ahnengedenken und die Familien- bzw. Sippengemeinschaft. Das Julfeuer ist auch Sinnbild des ewigen Herdfeuers, welches in alter Zeit das ganze Jahr hindurch am Brennen gehalten und nur zu außergewöhnlichen Anlässen gelöscht wurde. Vor allem aber steht das Julfeuer für den Lauf der Sonne, die im Winter „stirbt" um sogleich wieder neu geboren zu werden. So löschen wir zu Weihnachten symbolisch die Feuer des alten Jahres und entfachen sie neu. Das Julfeuer folgt dem Lauf der Sonne, sein „Durchgang durch den Tod als Wiedergeburt" ist die Gewähr seiner Ewigkeit.

Der Bau des Feuerstoßes erfordert einige Erfahrung und nicht jeder Stoß brennt so, wie es sich seine Erbauer gewünscht hätten. Neben dem klassischen Kegelfeuer eignet sich für das Julfest besonders der Feuerturm, dessen Aufbau allerdings ein sehr sorgfältiges Arbeiten erfordert: In das Innere des Turmes wird ein langer großer Baum gestellt, um ihn herum im Quadrat unterarmdicke Stämme, nach oben immer kürzer werdend. Die Freiräume werden mit Reisig, dünnen Ästen und Stroh ausgestopft. Zur Befestigung der Stämme verwenden wir Schnüre oder Hanfseile, denn Nägel würden nicht verbrennen und könnten nachträglich große Schäden anrichten (z. B. beim Weidevieh). Idealerweise wird das Julfeuer um einen kräftigen Wurzelstock aus Hartholz herum aufgebaut, damit - auch wenn das Holz des Feuerstoßes weg gebrannt ist - der Stumpf glimmend und glühend den jungen Morgen begrüßt.

Vorrichtung zum rituellen Entzünden des Neufeuers

von einem scheit
wird das andere entzündet.
vom feuer wird feuer gezeugt.

die edda

Ein solcher „Julblock" ist später auch bei häuslichen Weihnachtsfeiern belegt. Vor allem in Süd- und Mitteldeutschland wurde ein ganzer Baumstamm am Weihnachtsabend feierlich ins Haus gebracht und mit einem Ende in den offenen Herd platziert. Das andere Ende, das weit in die Stube hineinragte, ruhte auf einem Bock. Der „Weihnachtsblock" wurde langsam nachgeschoben und brannte so die ganze Nacht hindurch. Seine Asche wurde noch am folgenden Abend über die Felder ausgestreut, um Wachstum und Fruchtbarkeit zu erwirken. Über dem Herd wurden außerdem Feldfrüchte und Wein als Opferbitte für ein fruchtbares Jahr ausgebracht, ein schöner Brauch, der von der Kirche im Jahre 580 als einer von vielen „Teufelsdiensten" verboten wurde.

Ein großer Holzbock kann zum feurigen Türwächter werden, in dem er zunächst von oben kreuzförmig eingesägt und dann von den Seiten noch mit zwei Lüftungslöchern versehen wird. Anschließend werden Baumharz oder eine andere brennbare Flüssigkeit hinein gegeben, und es entsteht ein stundenlanges schaurig-schönes Schauspiel. Die kleinere Variante - Baumstämme mit drei senkrechten Längsschnitten - sind auch als sog. Schwedenhölzer bekannt und inzwischen sogar in Baumärkten zu erwerben.

Met - Julbier - selbst gemacht

- Geräte: Gärballon mit Gäraufsatz
- 3,5 kg Bienenhonig
- 7 l Wasser
- 30 g 80%ige Milchsäure
- 4 Tabletten Hefenährsalz
- Hefekultur (Portwein)
- 10 g Weizen- oder Roggenmehl
- 10-15% reiner Fruchtsaft (am besten frisch gepreßt)
- Gärtemperatur: 18-25 Grad Celsius

Zubereitung: Der Honig wird im Wasserbad auf maximal 50 Grad Celsius erwärmt, ebenso das Wasser. Den Honig lässt man nun unter langsamen Rühren in das warme Wasser einfließen. Hat sich der Honig im Wasser vollständig aufgelöst, lassen wir die Mischung auf Zimmertemperatur erkalten. Jetzt erfolgt die Zugabe der Milchsäure, des Hefenährsalzes und der Hefekultur. Das Mehl ersetzt die bei der Honiggärung fehlenden, aber sehr wichtigen Trübstoffe. Die Zugabe von Fruchtsaft führt weitere Trübstoffe zu und verbessert sowohl die Gärung als auch den Geschmack, der eindeutig fruchtiger wird und an Süße verliert. Der Gärungsprozess von Met zieht sich über mehrere Wochen hin. Wir können diesen Prozess unterstützen, indem wir den Inhalt des Ballons täglich einmal kräftig durcheinander schütteln. Manche Metbrauer sind davon überzeugt, dass der Geschmack des Metes erheblich verbessert wird, wenn man vor dem Schließen des Gärballons dem Beispiel der Götter folgt und kräftig in das Honigwasser spuckt. Skäl!

Jul ...
... denn Feuer muss brennen!

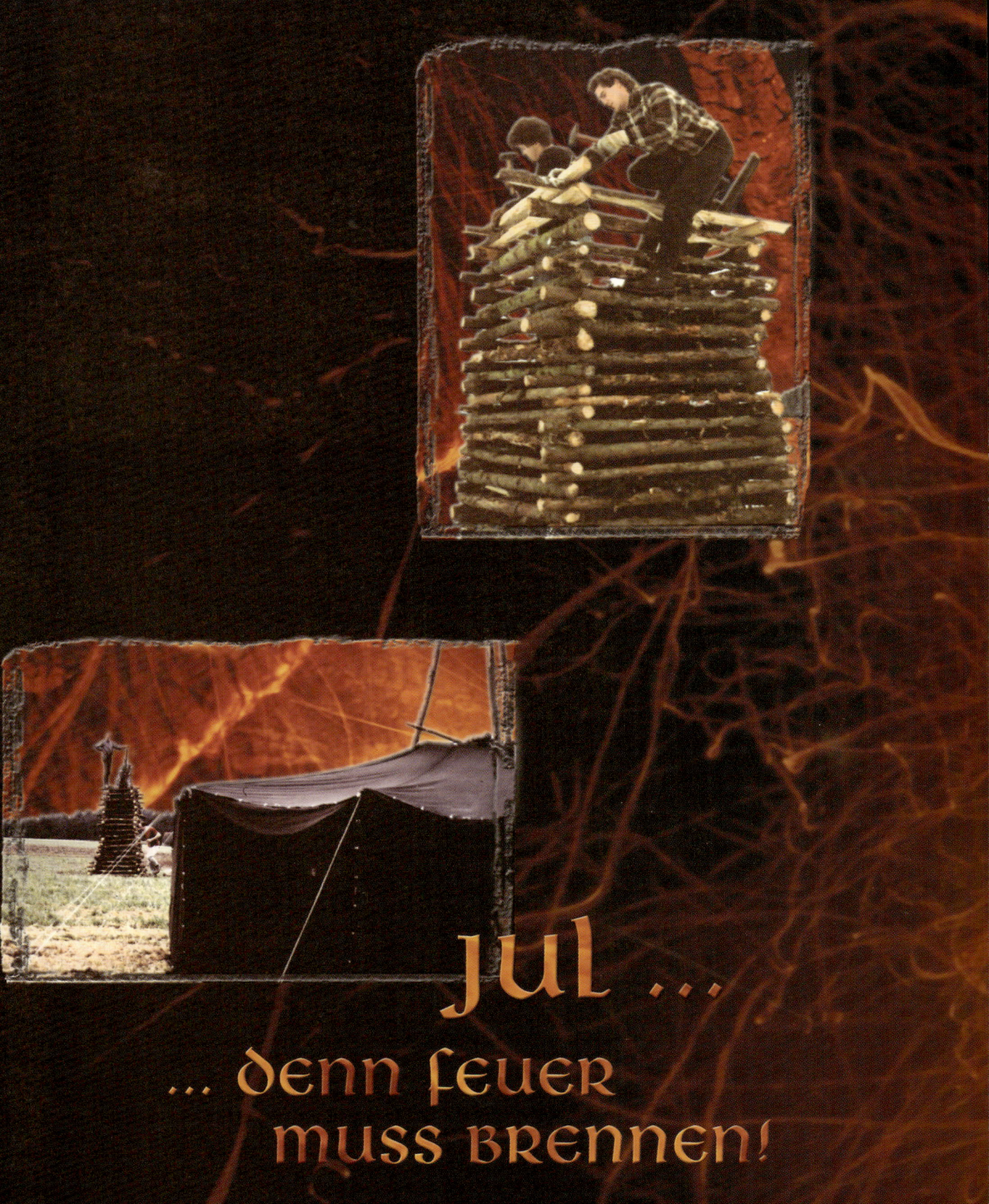

In dunkler Zeit
die Flamme spricht,
Vergiss dein Leid!
Es siegt das Licht!

Jultrunk

Trotz der Dunkelheit sind im Widerschein des Feuers deutlich die vor Anstrengung weit geöffneten Augen zu sehen, die Wangen spannen sich, die Arme zittern unter der auferlegten Last. So scheint der junge Mann einige endlose Sekunden zu verharren, unterbrochen nur von hastigem Schlucken, bevor der Druck im Inneren des gestemmten Fasses die Oberhand gewinnt.

Unter dem lauten Gejohle der Freunde ergießen sich einige Liter süßen Mets über Kopf und Oberkörper des Trinkenden, doch er scheint darüber nicht unglücklich zu sein.

Hatte man eigentlich nur den Zapfhahn vergessen oder war dies die übliche Art und Weise, das Julbier zu genießen?

In dieser wilden Schar scheint zweites der Fall zu sein, will man aus der Begeisterung schließen, mit welcher der Rest der Gruppe dem Beispiel folgt...

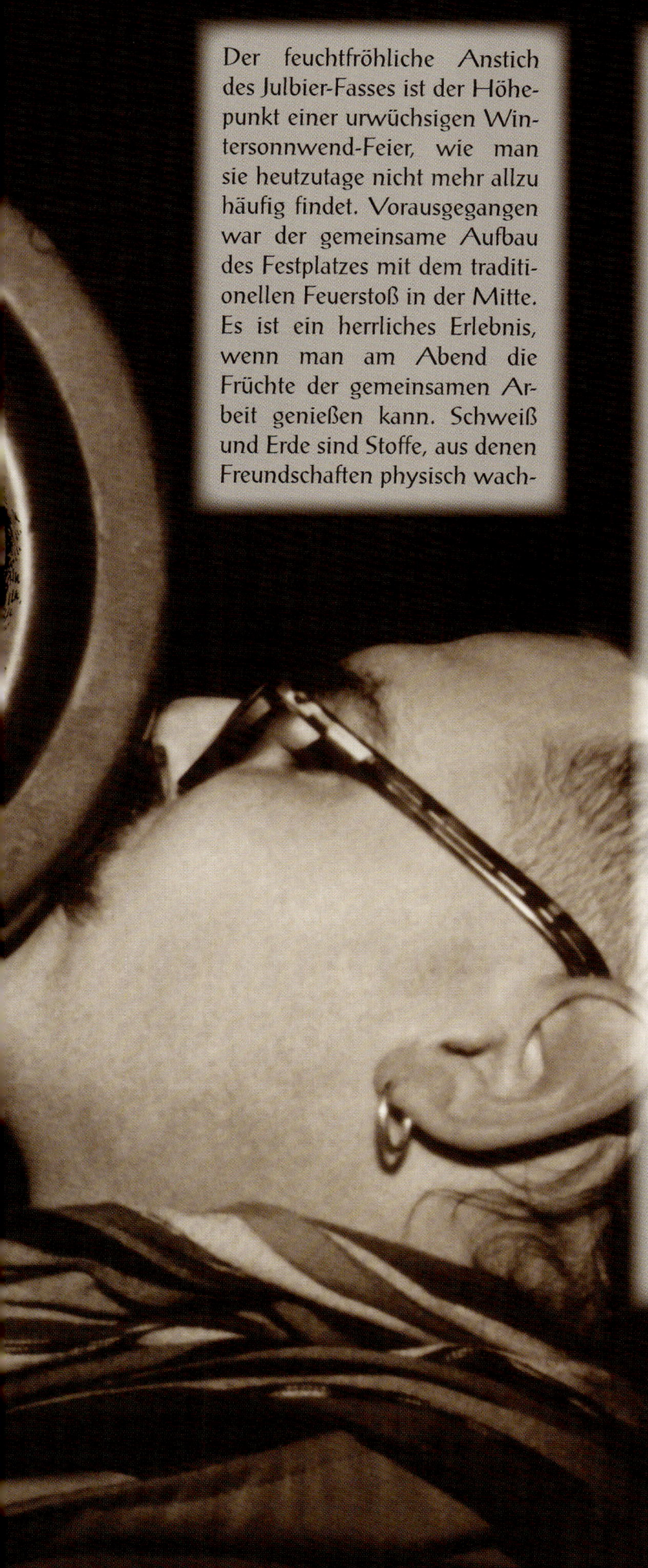

Der feuchtfröhliche Anstich des Julbier-Fasses ist der Höhepunkt einer urwüchsigen Wintersonnwend-Feier, wie man sie heutzutage nicht mehr allzu häufig findet. Vorausgegangen war der gemeinsame Aufbau des Festplatzes mit dem traditionellen Feuerstoß in der Mitte. Es ist ein herrliches Erlebnis, wenn man am Abend die Früchte der gemeinsamen Arbeit genießen kann. Schweiß und Erde sind Stoffe, aus denen Freundschaften physisch wachsen können. Dazu der Austausch der Gedanken, die um die gleichen Themen kreisen - hier entsteht ein Zusammengehörigkeitsgefühl jenseits des reinen Konsums.

Was manchem jetzt als „männerbündlerische" oder „patriarchale" Sauferei anmuten mag, geht doch auf traditionelle in den Mythen überlieferte germanische Riten zurück. So gab es spezielle Jul- oder Wodelbiere. Doch statt wie heute beruhigenden Hopfen zuzugeben, braute man „berauschende Kräuter, wie Hanf, Wermut, Bilsenkraut, Tannengrün und Sumpfporst" (Chr. Rätsch) ins Bier.

Das ist Ödhrärir, der heilige Trank Odins. Dieses kultische Getränk kann einem Weisheit und Wissen schenken, die Zunge lösen und zur Poesie anregen. Der eine vermag die Stimme der Ahnen zu hören, einem anderen entrasen die Gedanken in die Weiten des Sternenhimmels ...

„Sternhagelvoll - was für ein Wort!" schreibt Christian Rätsch in Weihnachtsbaum und Blütenwunder, „Das Bewusstsein wird mit einem Hagel aus Sternen durchflutet." Wahrlich, man ist voll des Sternenhags: All und Kosmos, der heilige Sitz der Götter sind in diesem Moment in einem selbst!

eine gemeinschaft
ist nicht die summe von interessen,
sondern die summe an hingabe.
(antoine de saint exupéry)

Vierzehn Menschen in einem Erdloch, geflochtene Zweige und Decken über dem Kopf, glühende Steine in der Mitte. Weihnachten, eine Schwitzhütte zur Ehrung des Alten und zur Begrüßung des Neuen.

Stein um Stein reichte der Feuermann hinein. So steigerten wir uns - trommelnd, singend und schließlich brüllend bis zur totalen Erschöpfung. Nicht einer, der - nackt wie wir waren - beim Hinauskriechen Notiz genommen hätte von der klirrenden Kälte rundherum.

Viele Grad unter Null müssen es gewesen sein, und dort lag ein gutes Dutzend dampfender Körper im Schnee - unter dem klarsten und schönsten Sternenhimmel, den dieser Winter zu bieten hatte...

die nacht im freien

Die Nacht im Freien...

Träumte ich noch oder war ich schon wach? War dies Vision oder Realität? Noch einmal zog ich den Kopf ins düstere Innere des großen Rundzeltes zurück, rieb ich mir die Augen und starrte dann wieder zum stahlblauen Himmel. Nein - kein Zweifel, dort oben zog ein Milan einsam seine Runden, direkt über der Feuerstelle, vielleicht fünfzig Meter hoch. Kein Flügelschlag, nicht mal ein leises Zittern verriet das Geheimnis seines Fluges. Auch sonst war kein Laut, keine Bewegung zu vernehmen.

Es war vielleicht 8 Uhr früh, 22. Dezember. Alles Land um unseren Hügel herum lag unter einer dichten Schneedecke, Bäume und Sträucher waren eingebacken in Raureif, in Schönheit erstarrt. Ich war der erste, den die kalte Wintersonne, die in bizarren Mustern durch die löchrigen Zeltbahnen einfiel, aus dem Schlaf gekitzelt hatte. Und dann dieser Milan. Die Schwitzhütte vom Vorabend steckte mir noch in den Knochen, ein fast körperloses Gefühl, welches die Kraft des Eindrucks noch verstärkte.

Neben mir regte sich eines der Kinder, und mit der Berührung kam auch die Erinnerung zurück: Vierzehn Menschen in einem Erdloch, geflochtene Zweige und Decken über dem Kopf, glühende Steine in der Mitte. Weihnachten, eine Schwitzhütte zur Ehrung des Alten und zur Begrüßung des Neuen. Stein um Stein reichte der Feuermann hinein, und niemand wollte aufhören in der letzten Runde. So steigerten wir uns - Wasserkelle um Wasserkelle - trommelnd, singend und schließlich brüllend bis zur totalen Erschöpfung. Nicht einer, der - nackt wie wir waren - beim Hinauskriechen Notiz genommen hätte von der klirrenden Kälte rundherum. Viele Grad unter Null müssen es gewesen sein, und dort lag ein gutes Dutzend dampfender Körper im Schnee - unter dem klarsten und schönsten Sternenhimmel, den dieser Winter zu bieten hatte.

Erst lange Minuten später regten sich die ersten, schauten gedankenverloren umher und begannen langsam, an ihren Handtüchern und Anziehsachen zu nesteln. Später versammelten sich alle um das herab brennende Julfeuer, immer noch sprachlos, erschöpft. Wir aßen und tranken gemeinsam - die erste Mahlzeit an diesem Tage - und versuchten, das Erlebte zu ordnen, in Worte zu fassen: der gemeinsame Vormittag im Wald, mit Äxten und Sägen bewaffnet. Brennholz wurde herbeigeschafft, viel Brennholz, und außerdem Weidenruten und Steine für die Schwitzhütte. Decken und Paletten schleppen, Schneeschieben, Zelt- und Feueraufbau, die Vorbereitung der Speisen und Getränke usw. - der Tag verging im Fluge, in fröhlicher Gemeinschaft. Dann das feierliche Entzünden des Feuers, überall Fackeln und Kerzen, die Kranzübergaben, Reden, Singen, Tanzen. Erst spät am Abend, als das Feuer bereits niedergebrannt und die Kinder zu Bett gegangen waren, der Höhepunkt der Zeremonie, die Schwitzhütte. Und nun saßen wir hier, losgelöst, befreit und langsam aber sicher auch wieder durstig und hungrig. Reichlich floss der Met und oft wurden die Fleischschüsseln herumgegeben, bis uns schließlich die Müdigkeit übermannte.

Selbstverständlich würden wir die Nacht im Freien verbringen, auf Holzpaletten mit Schlafsack und Zelt zwar, aber doch draußen, die junge Sonne zu begrüßen. Alle zusammen und dennoch jeder alleine mit seinen Gedanken und der winterlichen Natur. Als es dann so weit war und jeder sich in sein Eckchen kuschelte, da dauerte es nur noch Minuten, bis nur noch Atmen unsere Anwesenheit verriet.

Der neue Morgen war da. Ich schaute aus dem Zelt und wusste: ab heute würde die Sonne, die dort hinten im Osten ihre ersten Strahlen über die Hügelkuppe schickte, jeden Tag ein wenig länger scheinen und schließlich ganz die Oberhand gewinnen, bevor sie in ihrem Jahreslauf erneut Platz machen würde für die Dunkelheit. Und da war er immer noch, der Milan. Unvorstellbar, dass er irgendetwas fangen würde bei der Kälte. Aber er hatte mich *gefangen*, sich eingebrannt in mein Gedächtnis als Symbol einer anderen Welt...

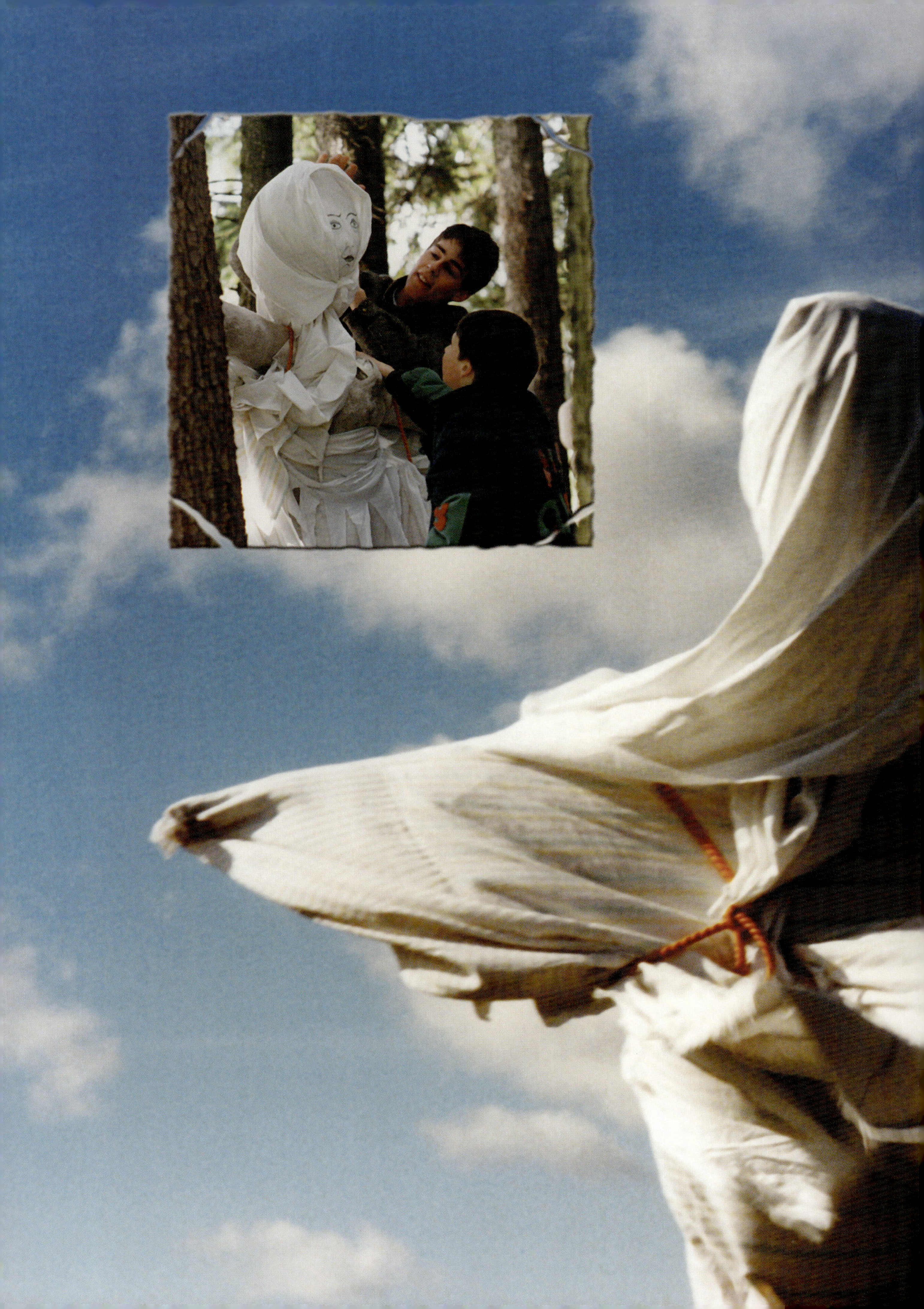

das austreiben

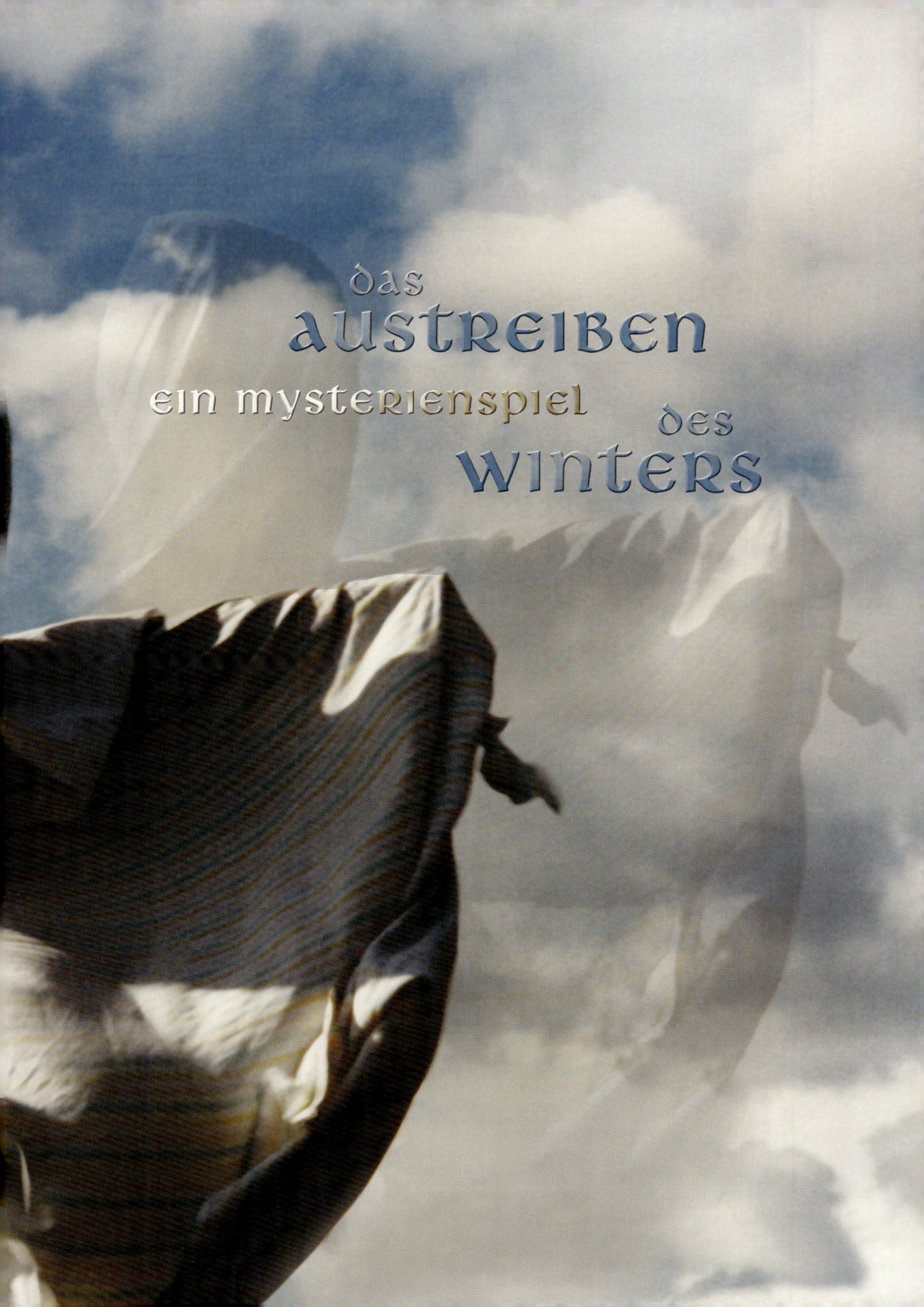

ein mysterienspiel des winters

Das Winteraustreiben am Ende der Dunklen Zeit

Das Jahr ist noch jung. Winterkräfte - dunkle, raue und kalte Wesen - lassen dem milden, hellen und heilen Frühling noch keine ungestörte Entwicklung. In dieser Zeit versuchen wir, das Dunkle zu überwinden und den Einzug des Lichts in der rituellen Darstellung zu feiern.

Die Jungen als perchtenartige Wesen tragen den Winter als Strohpuppe zum aufgeschichteten Holzstoß. Dem Zug folgen die Mädchen als holde Frühlingsfeen in hellen Gewändern und Blumenkränzen. Das Feuer wird entzündet und mit Rasseln, Klappern und Lärmen wird alles Gefährliche vertrieben. Zum Zeichen der Erneuerung werden welke Grasbüschel ins Feuer geworfen, mit

DER WINTER VERBRENNT...

ihnen verbrennen für alle sichtbar auch die schlechten Eigenschaften und Zerwürfnisse der Feiernden. Auch der von seiner Form befreite Winter kann nun verwandelt wirksam werden.

Die Rituale zum Winteraustreiben finden gewöhnlich Anfang Februar statt - mit dem Lichtmeß-Fest in der Mitte des Winters. Den Sagen und Mythen nach wird am 2. Februar der heiligen Bridgit aus Irland gedacht, welche die Gabe hatte, das Unsichtbare ins Sichtbare zu wandeln, so wie es momentan auch um uns herum geschieht. Die Tage wachsen stetig, die Sonne scheint schon merklich länger. Das Aufkeimen der Natur und das Erwachen der Frühlingskräfte bedeuten auch für den Menschen den Beginn seiner schöpferischen Phase. Die dunkle Zeit, die mit dem Allerseelen-Fest Anfang November begonnen hatte, endet jetzt. Überall macht sich Aktivität breit, es ist die Zeit der Umzüge und Prozessionen. Auch Fastnacht gehört dazu.

Ein besonders schöner Lichtmeß-Brauch sind die mehr oder weniger großen Kerzenkreise, die aus den Kerzenresten der dunklen Zeit hergestellt werden - das Alte geht ein in das Neue. Ob mit ein paar Dutzend Kerzen auf dem Wohnzimmertisch oder einigen Hundert nachts auf einer verschneiten Wiese - wie auf unserem Titelbild - stets verbreitet der Lichterkreis eine behagliche und sinnliche Atmosphäre.

... und der Frühling wird wachgetanzt

Lichtwesen

*...die Frühlingsfee
die Lichtbringende,
feiert den Sieg
über den Winterriesen.
In ihrem Korb trägt sie
Sinngebäck und
Frühlingsblumen.
Eine Sonnenscheibe
ziert ihr Haupt...*

Der Winterriese
- ein Mysterienspiel

Kinder, hört - bei meinem letzten Spaziergang habe ich eine schreckliche Entdeckung gemacht: Ich sah riesige Fußtritte auf dem aufgeweichten Waldweg. Das kann nur eines bedeuten: ein Winterriese hat sich bis in unsere Nähe herangeschlichen hat. Er lauert uns auf und möchte unser Fest stören und den Einzug unserer lieben Frühlingsfee und all ihrer helfenden Wesen verhindern. Und er hält ein teures Pfand in seinem Besitz, das heilige Sonnenzeichen. Der böse Riese hat es gut versteckt, und nur, wenn es uns gelingt, das Sonnenzeichen zu finden, können wir die Macht des Winterdämons brechen. Seid Ihr bereit, dieses Abenteuer zu wagen? Gut, dann hört die Regeln:

- Ihr müsst immer alle zusammen bleiben, jeder Ältere nimmt einen Jüngeren zu dessen Schutz an die Hand.

- Gute Geister helfen Euch und geben Euch Zeichen. Achtet deshalb links und rechts des Weges auf jede Kleinigkeit.

- An der nächsten Lichtung werdet Ihr einen schönen Wegproviant finden. Bis hierher haben sich die Frühlingsboten vorgewagt, um Euch im Kampf gegen den Riesen zu unterstützen. Sie danken damit für das Gebäck, das Ihr im Winter zu ihrer Stärkung geopfert habt. Laßt es Euch schmecken, bevor Ihr weiter das Sonnenzeichen sucht.

- Den Rest des Weges müsst Ihr fröhlich singend zurücklegen, denn nur so könnt Ihr die bösen Winterkräfte vertreiben, die überall in den Büschen lauern, um die geheimen Lager des Winterriesens zu beschützen.

- Wenn Ihr weiter den Zeichen der Frühlingsgeister folgt, werdet Ihr einen Haufen von Baumstämmen finden. Das sind die Waffen vom Winterriesen, er bewahrt sie dort auf. Hier hat er auch das Sonnenzeichen versteckt. Sucht es schnell. Das Kind, das es findet, darf es auf dem Nachhauseweg tragen.

- Mit dem Rückweg müsst Ihr Euch beeilen, denn mit der ersten Abenddämmerung wird der Winterriese in sein Lager zurückkehren und sicher den Verlust bemerken. Also lauft, so schnell ihr könnt. Aber nicht vergessen: Ihr müsst weiter alle zusammen bleiben, die Großen vorne und hinten, die Kleinen in der Mitte.

Sobald Ihr zu Hause seid, wird das Sonnenzeichen in der Wohnung aufgehängt, wo es vor dem Riesen sicher ist. Dann bleibt ihm nichts anderes übrig, als sich zurückzuziehen und dem Frühling das Feld zu überlassen. Wir setzen uns dann alle zusammen zu Tee und Gebäck und feiern den gemeinsamen Sieg. Ganz sicher wird der Winterriese es aber nächstes Jahr wieder versuchen...

YGGDRASIL

anfang und ende bin ich und die zeit,
die seele, die den baum durchwebt,
das aufwärts, das im sonnenhimmel bebt,
und tiefe, welche nächte weiht.

ich bin der tau, der in die täler fällt,
das atmen, das durch die gräser weht,
mein weg ist kurz und lang: ein wanderer geht
sein leben lang, durch traum und welt.

ich bin ein brunnen, der beständig fliesst,
ein hohes meer, das nordwärts rauscht,
ich bin ein baum, der in den urgrund lauscht,
ein wald, der seine runen liest.

mein antlitz schaut ins all, versteint und still,
dem wandel der gezeiten feind.
der hauch bin ich, der niemals tot erscheint,
ich bin das ich von yggdrasil

(REINDER SOMMERBURG)

die Weltenesche

Der Baumkult

Der Baum ragt zum Himmel, nach oben, zum Licht, zur Sonne. Seine Wurzeln sind im Erdreich, in der Tiefe, im Finsteren verankert. Beides gehört zum Baum dazu. Was wir vom Baum sehen, ist nur ein Teil, die Wurzeln müssen verborgen sein, soll der Baum nicht verdorren. Der Baum ist lebendige Verbindung zwischen Himmel und Erde, er ist Botschafter zwischen Mensch und Kosmos, Brücke zwischen Körper und Geist. Der Lebenslauf des Baumes über die Jahreszeiten offenbart in überwältigender Weise das Wesen des ewigen Werden, Sein und Vergehen und Wiederwerden. Der Wald ist das große Symbol des ewigen *Stirb und Werde*, wunderbare Hymne der zeitgleichen Prozesse des Gebärens und des Zurücksinkens. In ihm fließen die Leben der Vielen zusammen, gleich den Ästen und den Blättern eines Baumes bilden die Bäume des Waldes eine lebendige Gemeinschaft. So ist der Wald das Sinnbild des Lebens.

In allen Kulturen und den meisten religiösen Systemen taucht der Baum als Symbol- und Hoffnungsträger auf. Wie viel Tugenden und Laster, wie viel Lebenserfahrung, wie viel Werte und Sittlichkeit, wie viele Gesetzmäßigkeiten hat man in ihn nicht hineingelegt? Seine symbolische Kraft reicht über den Menschen hinaus auch für seine Gemeinschaften, Völker und Kulturen. Der Baum war und ist immer positives Vorbild für heidnisches Denken und An-Schauung. Er ist Sinnbild für Beständigkeit, Mäßigung, Geduld, Zuverlässigkeit (jährlicher Fruchtertrag), Erziehung, Wachstum, Reife, Verantwortung der Generationenfolge und Opfersinn (Feuerholz). Der winterliche Baum ist Mahnung an den Tod als Übergangsstadium des kreisenden Lebens.

So finden wir auch heute noch zahlreiche Beispiele für die kultische Omnipräsenz des Baumes, als da wären: Weltenbaum, Lebensbaum, Stammbaum, Hochzeitsbaum, Weihnachtsbaum, Lichterbaum, Maibaum, Richtfestbaum, Mittsommerbaum, Johannisbaum, Tanzbaum u.v.a.m, nicht zu vergessen die Heiligen Haine der Kelten, die Baumreligion der Indianer usw. Auch in der Gegenwart entstehen neue Baumsymbole, so z. B. der Gräberbaum zu Ehren der Toten oder der sog. „Baum für alle", der als Festzeichen an einem zentralen Platz aufgestellt wird; ein bekannter Beleg hierfür stammt aus dem Madison Square Garden in New York von 1912.

Deutlich zu unterscheiden ist die heidnische Baumsicht vom biblischen Baum des Lebens: Der Paradiesbaum verheißt durch den Genuss seiner Früchte ein individuelles ewiges Leben, ohne die Notwendigkeit des Todes. Seine Gabe ist in diesem Sinne materialistisch. Ab dem Zeitpunkt der Vertreibung aus dem Paradies unterliegt der Mensch den Gesetzen des natürlichen Lebens, die aus christlicher Sicht amoralisch und unmenschlich sind. So strebt der Christ zurück zum paradiesischen Urzustand jenseits von Natur und Logik. Der heidnische Lebensbaum dagegen ist Sinnbild der Lebensewigkeit, des kosmischen Lebensgesetzes. Der heidnische Mensch erstrebt die Unsterblichkeit nicht im christlich-individuellen Sinn, sondern begreift den individuellen Tod als Notwendigkeit zur Aufrechterhaltung des Lebens.

> DIE ROTE FRUCHT EINER EIBE ...
> ERINNERT AN EINEN GESCHMÜCKTEN WEIHNACHTSBAUM.
>
> Die Beere ist, auch wenn immer wieder das Gegenteil behauptet wird, nicht giftig, sondern weiß mit einem süß-fruchtigen Geschmack zu begeistern. Nur der schwarze Samen enthält das Gift Taxin. Also Vorsicht!
>
> Den Germanen galt die Eibe als Ahnenbaum. Das Gotische *aiw* bedeutet *immer, ewig, immergrün*. So findet man die Eibe gerne auf Friedhöfen, sie soll die Erinnerung an die Verstorbenen sichern. Die älteste Eibe Deutschlands mit ihren rund 2000 Lebensjahren (Hintersteiner Eibe, Allgäu, bei Bärgündele) könnte uns viel von den heidnischen Ahnen erzählen, wenn wir ihre Sprache verstehen würden.
>
> (Hinweise zu *Sprachreisen* finden sich in der umfangreichen Literatur von Wolf-Dieter Storl und Christian Rätsch)

Die Vollendung jedes Daseins ist eine Rückkehr zu seinem Beginn, und in jeder Entfernung von dem Ausgangspunkt auf dieser Kreisbahn liegt zugleich eine Wiederannäherung an denselben. Zwei Richtungen sind in ebenso unerklärlicher Weise miteinander verbunden wie die zwei Kräfte selbst, denen sie entsprechen. Das Resultat ihrer kombinierten Kraft ist der Kreislauf, in welchem sich alles Leben ewig bewegt. (Johann Bachofen)

Der Baum als Lebewesen ist ein wunderbares System, das uns immer mehr Fragen aufwirft, je mehr wir uns damit befassen. Das Aufwärtsfließen des Wassers, das Wirken der Wurzeln und vieles mehr. Zur intellektuellen Faszination kommt die spontane Emotion: Kein Herz, das nicht höher schlägt beim Betrachten eines großen alten Baumes und seines gewaltigen Blätterdachs.

Bäume sind Heiligtümer.
Wer mit ihnen zu sprechen,
wer ihnen zuzuhören weiss,
der erfährt die Wahrheit.
Sie predigen nicht Lehren und Rezepte,
sie predigen, um das Einzelne unbekümmert,
das Urgesetz des Lebens.
Ein Baum spricht:
In mir ist ein Kern, ein Funke, ein Gedanke verborgen,
ich bin Leben vom ewigen Leben.
Einmalig ist der Versuch und Wurf,
den die ewige Mutter mit mir gewagt hat,
einmalig ist meine Gestalt und das Geäder meiner Haut.
Einmalig ist das kleinste Blätterspiel meines Wipfels
und die kleinste Narbe meiner Rinde.
Mein Amt ist es, im ausgeprägtem Einmaligen
das Ewige zu gestalten und zu zeigen.

(Hermann Hesse)

Weihnachtsopfer im Wald

Das Leben mit der Natur besteht aus Geben und Nehmen. Letzteres tun wir das ganze Jahr über sehr ausgiebig. Weihnachten ist eine gute Gelegenheit, sich auch des Gebens zu erinnern, nicht nur an die Verwandten und Bekannten, sondern - symbolisch - auch an die Natur. Gehen wir also in den Wald und übergeben wir den Bäumen unsere guten Wünsche für das nächste Jahr, um so mehr werden wir selbst uns über das Erhaltene freuen können.

Nach ein paar Minuten des Umherwanderns in der Stille werden wir genau wissen, welcher der Bäume denn diesmal unser weihnachtlicher Gefährte sein wird. Eventuell ist es notwendig, den Geist des Baumes aufzuwecken, denn im Winter schläft er tief und fest. Wir klopfen liebevoll an den Stamm des Baumes und befreien seine Rinde von Schnee und Eis. Ein schönes Lied hört auch der Baum sicher gerne, genauso wie die fröhlichen Stimmen von Kindern, die sich ihm ganz natürlich und unbefangen nähern.

Dann bekommt der Baum seine Geschenke: Salzgebäck und Brot werden in die Äste gehängt, auch Schmuck, denn die meisten Bäume sind ein wenig eitel. Besonders Strohsterne, Äpfel und Nüsse gefallen ihm sehr. Freundlich, wie der Baum nun einmal ist, wird er seine Gaben später mit den anderen Bewohnern des Waldes teilen - uns soll es recht sein. Wir prosten dem Baum ein letztes Mal zu und denken daran, auch ihm einen Schluck vom Julbier abzugeben - über die Wurzeln gegossen hat er es am liebsten. Dann verlassen wir den Wald in dem Wissen, einen starken Verbündeten für das nächste Jahr gefunden zu haben, der uns zu einer *guten Ernte* in allen Lebenslagen verhelfen wird. Vielleicht gelingt es uns ja sogar, ein kleines bisschen von seiner Kraft, seiner Ausdauer, seiner Geduld, seiner Zufriedenheit, seiner Weisheit und seiner edlen Bescheidenheit mitzunehmen - anbieten tut uns der Baum dies jedes Mal.

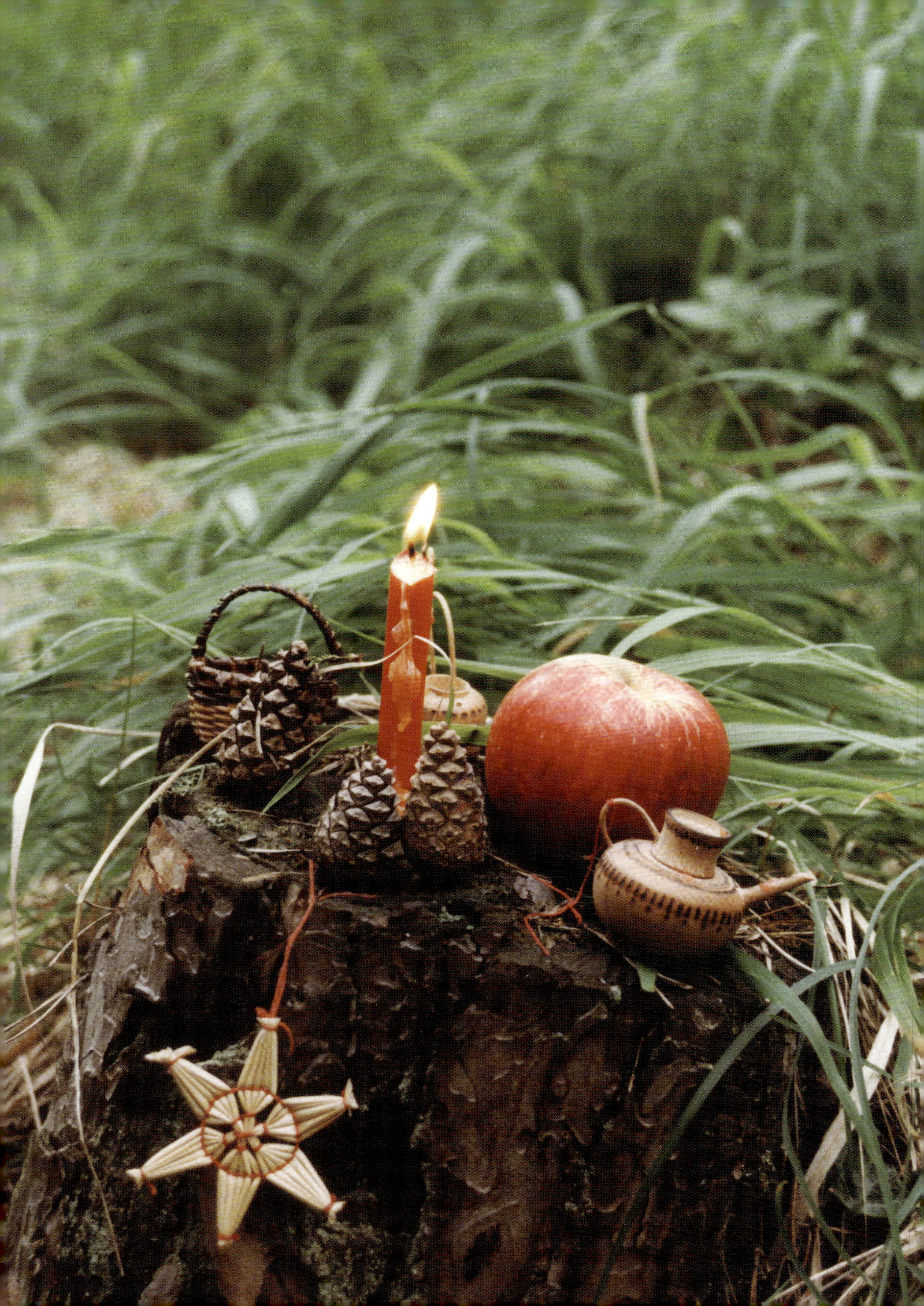

ES RUHEN ALLE WÄLDER

Es ruhen alle Wälder,
es schläft die ganze Welt,
das Leben atmet leiser
wohl unterm Sternenzelt.

Der Schoß der Mutter Erde
bereitet neue Tat.
Das Licht der hellen Sonne
die Nacht vertrieben hat.

Nun wandern wir zum Frühling
ins neue Jahr hinein!
Oh Licht des neuen Lebens,
stärk uns mit deinem Schein!

Worte: Marga Erler; Weise: Fritz Michael

Ein Jahr muß nun vergehen
in alle Welt verschneit
und wird doch bald erstehen,
hoch über alle Zeit.

ein jahr muss nun vergehen

1. Ein Jahr muß nun ver-ge-hen in al-le Welt ver-schneit und wird doch bald er-ste-hen, und wird doch bald er-ste-hen hoch ü-ber al-le Zeit.

Das alte Jahr muß bringen
sein Licht dem jungen Jahr,
doch seine Sterne springen
am ganzen Himmel gar.

Ein Jahr wird nun verloren
in unsrer Erde Schoß,
wird neu und jung geboren
und leuchtet, leuchtet groß.

Worte und Weise: Hans Baumann

Die Lebensrute

Ruten spielen eine tragende Rolle in den Fruchtbarkeitsritualen der Völker. In Süddeutschland bekannt ist noch heute der Brauch des Scheibenschlagens, zumeist als Brautwerbung oder zum Zwecke eines allgemeinen Fruchtbarkeitssegens.

Beim Berühren mit der Rute soll die Lebenskraft des Baumes, die sich in den Knospen oder Trieben zeigt, auf den Menschen übertragen werden. Die spätere christliche Variante - abstrakter und naturferner - ist das Segnen durch Handauflegen. Besonders in der Weihnachtszeit ist das „Umgehen" mit der Rute weit verbreitet. Die Gaben, die an die Schlagenden ausgeteilt wurden, mögen ursprünglich als Dank für die empfangene Wohltat gedacht gewesen sein, wie das „Botenbrot" für den Überbringer günstiger Nachrichten. Später hat die christliche Kirche die Beschenkung als einen Akt der Nächstenliebe im Sinne von „Fremdenliebe" umgedeutet und das Lebensrutenschlagen auf den „Tag der unschuldigen Kinder" verlegt mit der Intention, die Kinder rächten sich an diesem Tage symbolisch für die erlittenen Qualen durch Herodes' Mordbefehl. Tatsächlich hatte der uralte Brauch des Rutenschlagens nichts mit dieser Begebenheit zu tun.

Auch der Rutenschlag des Nikolaus ist ursprünglich nicht strafend, sondern fruchtbar machend gemeint. In der Fastnachtszeit, dem wilden Fruchtbarkeitsfest zum Ende des Winters, taucht die Rute ebenfalls auf: als „Narrenpeitsche", ähnlich dem Fächer des Kasperls. Ebenso ist die „Martinsgerte" eine abgewandelte Lebensrute. In manchen Gebieten Deutschlands erhält an Ostern der mit Eiern -

als Symbol des keimenden, immer wiederkehrenden Lebens - Beschenkte gleichzeitig einen Schlag mit der Lebensrute.

Im deutschen Märchen „Die drei Brüder und der Hüne" wird einem der Brüder verraten, dass er die abgeschlagenen Köpfe seiner beiden Brüder mit einem Ei am Hals bestreichen und dann mit einer Rute darüber schlagen müsse, damit sie wieder lebendig würden. In Island ist die Legende verbreitet, dass in der Neujahrsnacht die Lebenden von den Toten besucht würden. Diese Julgeister wurden gastlich empfangen, man stellte ihnen Essen und Betten bereit und schlief selbst auf dem Julstroh. Am folgenden Morgen wurde mit Birkenreisern - Lebensruten - jeder Winkel im Haus ausgeschlagen, um die Seelen zu vertreiben.

Ähnliche Bräuche sind in vielen anderen Völkern auch überliefert. Selbst die Wünschelrute, der durch irische Mönche bekannt gewordene Krummstab, ist ursprünglich auf die druidische Lebensrute zurückzuführen.

Im abgebildeten Julbogen begegnet uns die Symbolik des Lebensbaumes wieder. Dieser Julbogen hier verzichtet vollends auf die Darstellung von Personen, sondern besticht durch die Reduzierung auf Bogen/Rute und Sonnensymbole in Form von Sinngebäck und goldenen Äpfeln.

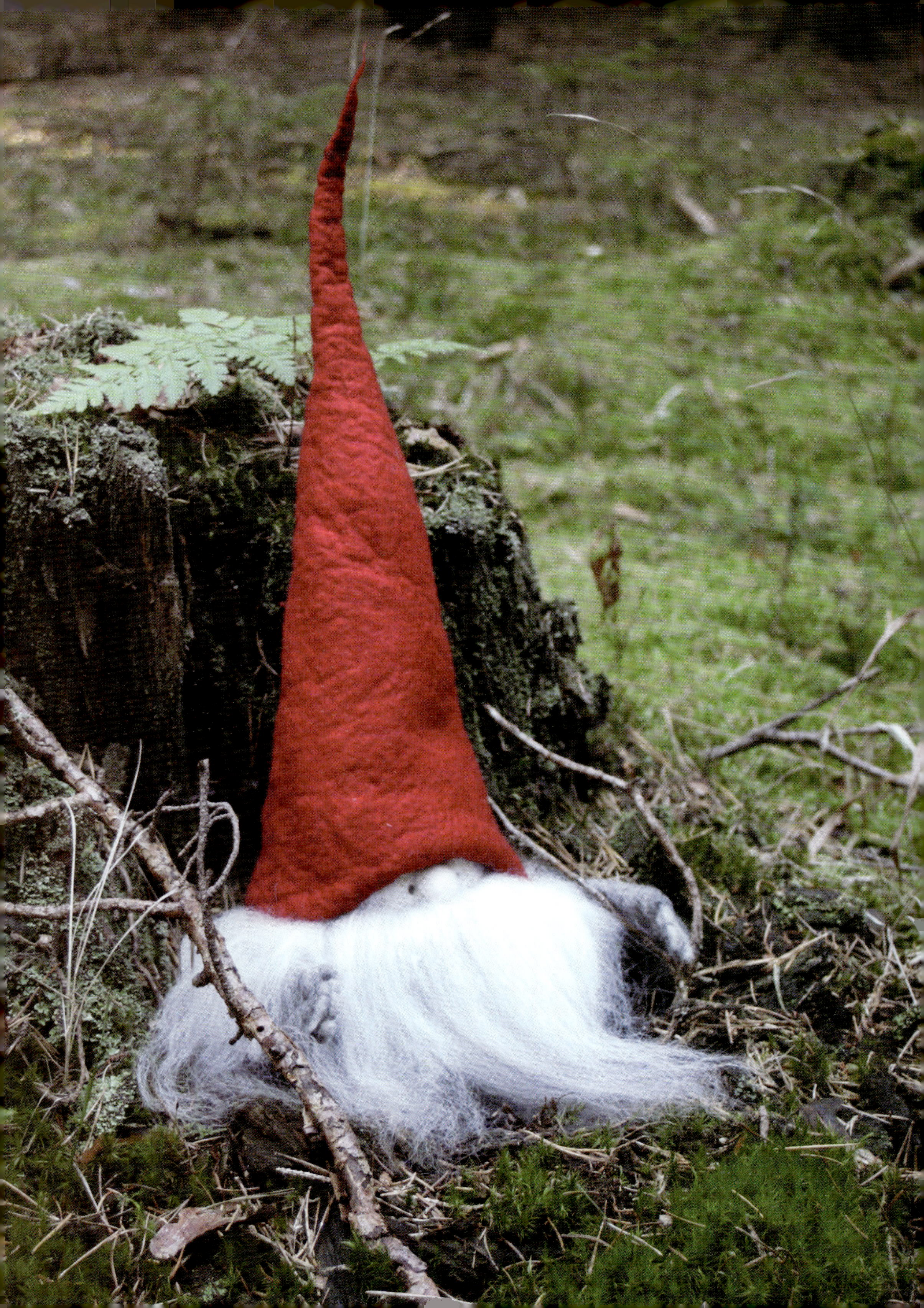

DER GEIST DER BERGE
RÜBEZAHL, SUDETENLAND
KRAKONOS, TSCHECHIEN

Der Nikolaus

Der geschichtliche Nikolaus, Bischof Nikolaus von Myra, lebte wahrscheinlich im 4. Jahrhundert in Kleinasien. Er war ein scharfer Bekämpfer germanischer Identität, die Legende berichtet aber auch von seiner Mildtätigkeit und Güte, mit der er angeblich Wunder wirkte. Diesseits der Alpen wurden ihm allein zwischen dem 11. und 16. Jahrhundert mehr als 2000 Kirchen erbaut, zum größten Teil auf den alten Kultplätzen der Germanen. Die heidnischen Symbole dort sind so zahlreich, dass schon ihre stichprobenartige Abbildung und Beschreibung ein eigenes, 1.600 Seiten starkes Buch füllen konnte (xxx hier den neuen Titel nennen). Mit der Hansa und entlang der verschiedenen Handelswege strahlte seine Verehrung bis Island und weit in den Osten hinein aus. Dabei wirkte wahrscheinlich auch sein Patronat über die See- und Kaufleute mit.

Dennoch ist die außergewöhnliche Rolle, welche der Nikolaus im Volksbrauch spielt, nicht allein aus dieser Identität zu erklären. Es spricht vieles dafür, dass er auch Traditionsträger eines älteren Brauchtums wurde, welches unter seinem Namen weiterlebte. Die Nikolausfeier wurde erst nachträglich von den Christen auf den 6. Dezember gelegt. Die Wurzeln des Nikolaus-Brauches sind weit vorher zu suchen. Die keltischen Druiden beispielsweise gingen in der Weihnachtszeit von Haus zu Haus, um die während der Sommermonate gesammelten und getrockneten Heilkräuter, Beeren und Wurzeln sowie Nachrichten aus den umliegenden Gemeinschaften gegen eine Mahlzeit und einen Platz zum Schlafen einzutauschen. Diese Druiden trugen mehrheitlich graue oder weiße Bärte, rote Mäntel, eine Birkenrute und Säcke zum Transport der Tauschgegenstände. Oft kam der Druide in Begleitung eines Lehrlings, der ihm zur Hand gehen und vielleicht sein Nachfolger werden konnte. Sicherlich bediente sich der Druide in Schneegebieten auch eines Schlittens mitsamt eines geeigneten Zugtieres.

Dieser Brauch lebte in der Legende vom Nikolaus weiter, seine Begleiter bekamen im Laufe der Zeit je nach Region verschiedene Namen wie z. B. Knecht Ruprecht, Bartl, Hans Muff und Hans Trapp, Butzenbercht, Pelznikkel und Krampus. Fast immer verbergen sich dahinter heidnische Gottheiten. Hans z. B. ist auf Ans bzw. Ase (Odin) zurückzuführen, Ruprecht leitet sich ab aus „hruod-percht", dem Glänzenden und Prächtigen. Während der Nikolaus bei der christlichen Umdeutung seinen gutmütigen und freigiebigen Charakter prinzipiell behielt, wurden seine Begleiter vom christlich beeinflussten Volksglauben allmählich zu Kinderschrecks deformiert. Auch der Krummstab des Nikolaus', seine Rute „für die unartigen Kinder" ist ebenfalls eine Umkehrung des ursprünglichen Sinnes. Der Schlag mit dem Lebenszweig galt von alters her nicht strafend, sondern fruchtbarkeitsfördernd.

Perchten, Masken und Wildes Treiben

Vor allem im süddeutschen und alpinen Raum wird am 6. Januar das Fest der „Heiligen Drei Könige" - Kaspar, Melchior und Baltarsar - gefeiert. Deren Namensinsignien K-M-B, wie man sie in den Segenssprüchen an manch alter Hauswand findet, sind identisch mit den heiligen drei Frauen Katharina, Margaret und Barbara, die christliche Version der drei Nornen. Die Nornen waren in der germanischen Mythologie die Vollstrecker des Schicksals, Symbol für Vergangenheit, Gegenwart und Zukunft. In ihnen lagen Anfang und Ende, Aufblühen und Verblühen, die Grenzen allen Lebens verschlossen, sie existierten von Anbeginn an und standen noch über den Göttern.

Die drei Nornen symbolisieren deutlich die mythische Bedeutung der Zeit nach Weihnachten, dem Fest der Lichtgeburt. Das Leben pulsiert noch im Verborgenen, die große Göttin Hel - Holla, Berchta, Percht - hütet es in ihrem unterirdischen Reich. Hier herrschen Dunkles und Helles nebeneinander. Frau Percht erscheint doppelgesichtig, in hässlicher Fratze vorderseits und leuchtend in Sonnengestalt am Hinterkopf. Die Janusköpfigkeit der Erdgöttin - gefahrbringend und segenspendend - symbolisiert exakt den Übergangscharakter der Julzeit. Frau Percht tanzt und dreht sich im Kreis und verlebendigt dabei beide Seiten. Ihre

Begleiter sind „schiache" Perchten, fürchterliche Gestalten, welche die feindlichen Kräfte verkörpern. Diese Wesen durchgeistern bereits seit Wochen die dunkle Zeit, ob als Kramperl mit dem Nikolaus, im Gefolge des Schimmelreiters oder als „Klöpflesänger" in Wotans wildem Heer. Nun - am 6. Januar - kommt Frau Percht als Mächtigste dazu. Ihre Licht-Seite bringt Hoffnung und Zuversicht auf die Bändigung und Überwindung des Chaos der Unterwelt - auch in uns. Aus Tod gebiert sich neues Leben.

BIMBAMBULE

...die läufer tragen im gleichschritt schwere kuhglocken vor sich her...

...später stehen sie am marktplatz im kreis - ein heidenlärm...

...trance macht sich breit, erste läufer brechen erschöpft zusammen...

Perchten Haber Rau

Die Wurzeln des Perchtenlaufens reichen zurück in die altgermanischen Zeiten der kultischen Umzüge. Für die Perchtenläufer und Maskentänzer bedeutete das Ritual die mystische Verbundenheit mit der Welt der Ahnen. Das ekstatische Moment, die Verkleidung und das Maskentragen erlaubten dem Tänzer, in der Verwandlung die Schranken der eigenen Persönlichkeit zu überwinden und innere Dynamik sich schöpferisch entladen zu lassen. Erhalten hat sich dieser vorchristliche Brauch auch in anderen Ländern. So ziehen z. B. in Norwegen noch heute die „Jolesveinar", junge Burschen in Tierpelzen, durch die Dörfer und treiben allerlei Unsinn. Sie werden daher auch „julbukk" oder „julgeit" genannt.

goaß wuggl

Der Maskenbau

Ein Baumstamm wird halbiert und die Ansichtsseite geschnitzt. Das Aussehen der Maske entsteht erst während der Arbeit, es gibt keinen Entwurf.

Dann wird die Masken-Hohlseite der Gesichtsform des Trägers angepasst. Nach Fertigstellung erfolgt die Bemalung mit Naturfarben und zum Schluss werden die Masken mit Fellen, Pferdehaaren und auch Hörnern bestückt.

Der Fackelbrand von Schweina

Weit über das Land reicht der helle Schein. Es ist, als würde die ganze Kuppe brennen, die höchste weit und breit. Das lodernde Feuer - oder sind es mehrere? - zieht mich fast magisch an, ich steige den ersten Hügel hinauf. Im fahlen Glanz der Flammen erkenne ich einzelne Bäume, Felsen und Menschen - viele Menschen, die sich in dieser weihnachtlichen Nacht auf dem Berg versammelt haben und gebannt in die Flammen blicken.

Und tatsächlich: es sind mehrere Feuer, mindestens ein Dutzend, die gen Himmel züngeln. Beim Näherkommen fällt mir die seltsame Form der Feuer auf. Wie Zigarren ragen sie nach oben, lang und schmal, gewiss zehn Meter hoch, und jede brennt ein wenig anders. Unwillkürlich werde ich an mittelalterliche Scheiterhaufen erinnert, eine bizarre, fast unwirkliche Szenerie. Das Wechselspiel von Licht und Schatten verstärkt die Wirkung. Erst als die Feuer fast herab gebrannt sind, löst sich die Spannung ein wenig, Gespräche setzen ein, Speisen und Getränke werden gereicht. Nach und nach löst sich die Gesellschaft auf, und die Leute beginnen den Heimweg den Berg hinab zurück in ihr Dorf. Ich sammele meine Sinne und beginne, die Eindrücke zu ordnen. Genau fünfzehn der gewaltigen Fackeln stehen dicht an dicht. An die 3.000 Zuschauer müssen es sein, die sich hier versammelt haben. Wir befinden uns auf dem Antoniusberg nahe Schweina im Thüringer Wald. Hier - und nur hier - hat diese besondere Form des Julfeuers zur Wintersonnenwende, der „Fackelbrand", wie die Einheimischen sagen, Jahrhunderte überdauert. Bisher sei noch kein Jahr vergangen, in dem der Fackelbrand ausgefallen ist.

Der Antoniusberg, wie er heute heißt, war bereits in der Steinzeit eine heidnische Kultstätte, lange bevor die Menschen der Gegend zum Christentum bekehrt und der Ortsname Schweina urkundlich gemacht wurden. Interessant auch die Frage nach der Zahl der Fackeln - mit einer einfachen Auflösung: Fünfzehn ortsansässige Vereine haben in diesem Jahr je eine Fackel beigesteuert, die in den Tagen zuvor kunstvoll aus Reisigholz hergestellt wurde, Schicht um Schicht um einen entasteten Baumstamm geflochten. Natürlich ist jeder Verantwortliche darauf bedacht, dass die von ihm gefertigte Fackel möglichst gut und lange brennt.

Trotz aller Profanität am Rande - Würstchen, Glühwein und Musik aus dem Lautsprecher - sind die Antoniusfeuer in Schweina ein urwüchsiges Erlebnis. Hautnah ist der Geist vergangener Zeiten zu spüren, eine natürliche Weltschau, die auch heute nichts von ihrer Gültigkeit verloren hat.

BRAND

Schlußfigur auf dem Stadtplatz von Traunstein. Jedes Jahr zu Ostern wird hier im Rahmen des Georgi-Rittes ein Schwerttanz in mittlelalterlichen Kostümen aufgeführt

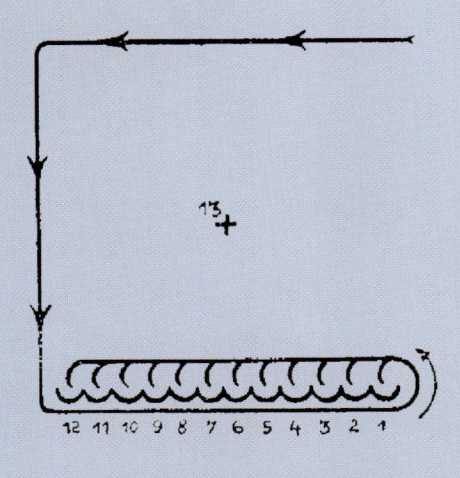

aufmarsch

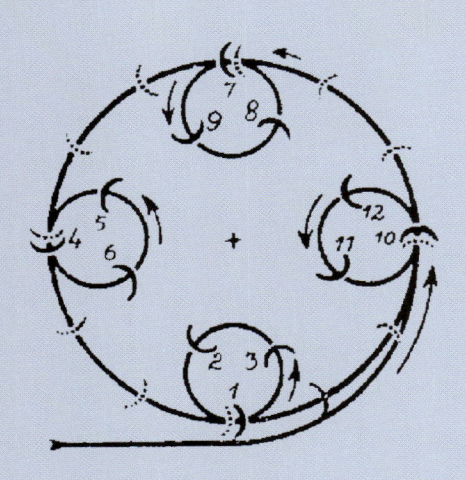

kappelmachen

Im Baumkult umtanzt die Kultgemeinschaft die besonders verehrten Bäume (im Brauchtum die Dorflinde), frisch Verheiratete tanzen dreimal singend um ihren rituell gepflanzten Lebensbaum, die Anregung der Fruchtbarkeit der Obstbäume geschieht in der Julzeit durch tänzerische Umwandlung. Die Rituale der großen Jahresfeuer sehen das Umtanzen des Feuerstoßes vor, weitere Tänze sind die Maibaumreigen und die Kreistänze um den Julbaum, sowie das Umtanzen der letzten Garbe bei Erntedank. Im Totenkult verabschiedet ein würdiges, angemessenes Umschreiten den Toten.

Der kultische Sinn des Tanzes liegt in einer Art Bewegungs- und Vegetationsmagie, die sich auf die tänzerischen Darstellungen des Sonnenlaufes und der Sexualität ausweitet. Der rituelle Charakter des Tanzes verbindet sich je nach Jahreszeit mit der Pflege und der Fruchtbarkeit des Bodens und der Pflanzenwelt, mit der Beschwörung menschlicher Erotik und Zeugungskraft, mit den kosmischen Konstellationen oder mit der Kraft der ekstatischen Besessenheit. Manche Tänze wie z. B. Maskentänze und Perchtenlaufen stützen sich auf totemistische Elemente. Der Tänzer, besonders der ekstatische Tänzer, entrückt dem alltäglichen Bereich. Seine Welt ist für kurze Zeit die Welt des Rituals.

schwerttanz
sieg des frühlings über den winter

feierlich ziehen
die schwerttänzer
auf den plan als die
erlesenen vertreter
einer kultgemeinschaft,
um durch rhythmisches
tanzen und springen,
durch wohlklingende
musik und begeisterten
jubel den frühling
anzulocken und zu
gewinnen, auf dass er
den winter besiege.
die kraftstrotzenden
kampfbilder des tanzes,
die grünen kränze auf
den häuptern
der schwerttänzer
und die blumensträussl
auf den schwertspitzen
sollen frohboten
des frühlings sein.

wetzen

frühlingskraft

kettengang

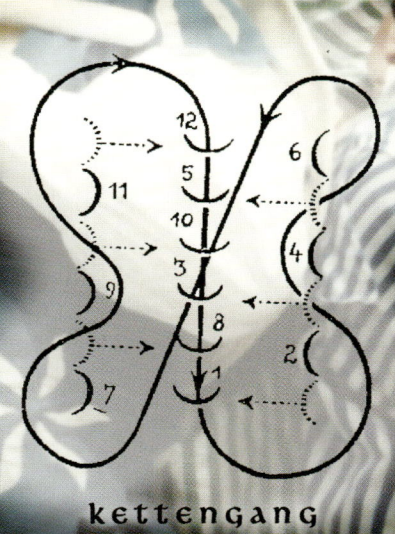

Tanzfigur: Die große Mühle - die Narren
(die Winterdämonen) sind gefangen.

und lebensfreude

Der Schwerttanz von Traunstein

Der Schwerttanz steht in der Tradition der initiatischen kriegerischen und vegetationsmagischen Männertänze. Aus dem antiken Griechenland wissen wir von den Thrakern, den Kureten und den Spartanern, dass sie solche Tänze pflegten. Tacitus erzählt in seiner Germania von einem Tanz nackter Jünglinge zwischen Schwertern und Speeren.

Die Schwerttänze des Mittelalters weisen starke Parallelen zu Initiationsriten und zur Symbolik von Tod und Wiedergeburt auf und teilen die Tänzer auf in Mannschaft, König/Held und Narr. Der Tanz endet mit der symbolischen Tötung des Narren und seiner anschließenden Wiedergeburt. Der oder die Narren symbolisieren dabei die Winterdämonen, die durch die Kräfte des Frühlings (die Tänzer und ihr Held) besiegt werden.

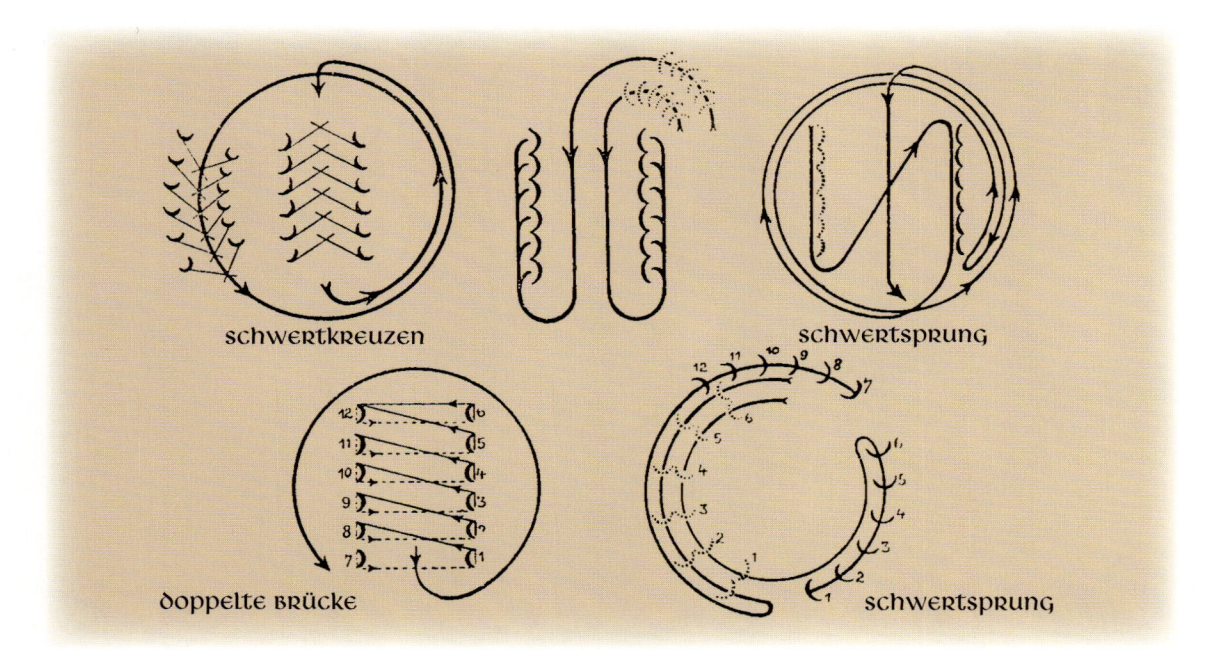

schwertkreuzen — *schwertsprung* — *doppelte brücke* — *schwertsprung*

Aus der Tanzfigur der *Mühle* bildet sich der Höhepunkt und das Ziel des ganzen Tanzspieles, der so genannte *Stern*, auch *Rose* genannt: Auf dem Rücken der eingefangenen Narren werden die Schwerter zusammen geflochten, der Vortänzer springt darauf und wird als siegreicher Frühlingsheld über dem *unterjochten Winter* emporgehoben; im Jubel der Schwerttänzer und der Zuschauermenge, die mit heller Freude und Begeisterung dieser schönsten und schwierigsten Figur des Tanzes ihre Bewunderung zollt.

Aber der Narr, der Dämonenbesessene bzw. der in Ekstase stehende Mann, führt auch deutlich zu den kultischen Männerbünden. Der Narr ist das verneinende Prinzip. Er ist das Sinnbild des Unsinns und der Unordnung, in ihm zeigt sich der Hohn wider den Ernst, bewusste und absichtliche Verflachung gegenüber ringender Gestaltung. Der Unfug des Narren symbolisiert ebenso das Lebensprinzip der konstruktiven Kritik und des Hinterfragens festgefahrener Strukturen mit dem Mittel der Ironie und des Mutterwitzes.

radschlagen · **schnecke**

rose · **abgangsgruss**

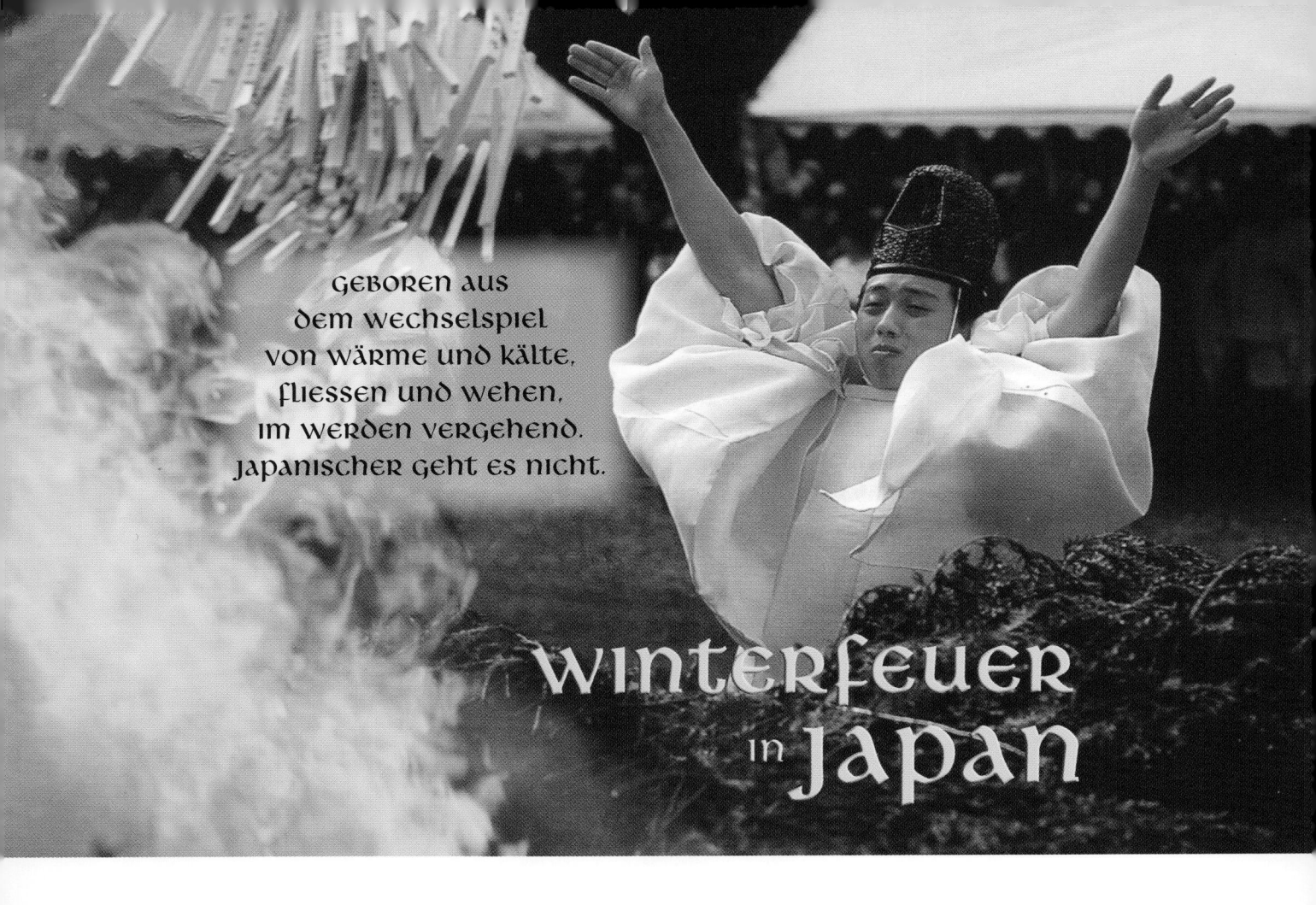

GEBOREN AUS
DEM WECHSELSPIEL
VON WÄRME UND KÄLTE,
FLIESSEN UND WEHEN,
IM WERDEN VERGEHEND.
JAPANISCHER GEHT ES NICHT.

Winterfeuer in Japan

Das Feuerfest von Nozawa Onsen

Eine Gruppe von Männern stürmt mit Fackeln in der Hand den Hügel hinauf in Richtung des Holzstoßes, der dort aufgebaut ist. Es ist Mitte Januar, irgendwo in Japan, beißender Frost beherrscht die Nacht. Trotzdem sind die Männer leicht gekleidet, weiße Hemden, Tücher, Leinhosen - keine Jacken, Mützen und Handschuhe wie die zahlreichen Zuschauer, die den Anstieg säumen. Die Fackelträger wirken ungestüm und ekstatisch, die Kälte scheint ihnen nichts auszumachen. Ihr Gebrüll wird nur noch von Dutzenden von Trommeln übertönt, deren pulsierender Rhythmus allgegenwärtig scheint.

Kurz vor dem Ziel wird die Schar von einer zahlenmäßig ebenbürtigen Gruppe abgefangen - jüngere Männer, fest entschlossen, das Entzünden des Holzstoßes zu verhindern. Es entbrennt ein wildes Gefecht, tumultartige Szenen spielen sich ab. Ohne Rücksicht auf Leib und Leben prügeln die Kämpfer aufeinander ein, schlagen und stoßen mit den Fackeln, teilen Fausthiebe und Fußtritte in alle Richtungen aus - auch die Zuschauer bleiben nicht ungeschoren. Es ist ein infernalisches Szenario, an Wildheit kaum zu überbieten.

UNSTET HUSCHTE DER SCHEIN DES NAHEN FEUERS ÜBER DIE TROMMLER. ALS EINER SICH TROTZ DER EISIGEN KÄLTE DAS HEMD VOM LEIB RISS, SAH ICH, DASS IHM DER SCHWEISS IN BÄCHEN ÜBER BRUST UND RÜCKEN FLOSS.

Irgendwann passiert das Unvermeidliche: die Angreifer gewinnen die Oberhand, und schließlich brennt der Holzstoß lichterloh. Kämpfer und Zuschauer halten schlagartig inne, starren wie gebannt in die Flammen, die schnell mehr als zwanzig Meter hoch in den Nachthimmel züngeln. Die Hitze brennt auf den Gesichtern der Umstehenden, die nur langsam zurückweichen. Verletzte werden vom Platz getragen, ein Raunen und Gemurmel geht durch die Menge.

und im reinigenden Feuer des zusammenstürzenden Schreins
würde sich die Gottheit offenbaren.

Das Feuer verbrennt das Alte und macht dem Neuen Platz. Eindeutig sind die Parallelen zu den heidnischen und sonnenmagischen Kulten rings um den Globus. Sonnenrad und Jahreskreis sind die Sinngeber der shintoistischen Rituale. Odins wildes Heer scheint gegenwärtig, wenn man die japanischen Krieger sieht. Es geht um reiche Ernten, und es geht um die Gesundheit der Familien. Kollektiv ist der flehende Ruf nach der jungen Sonne, nach Erneuerung. Vorher steht das große Aufräumen am Jahresende, die Reinigung der Menschen von ihren schädlichen Einflüssen, weg gebrannt im Feuerritual. So wird der Weg bereitet für die Transformation zu Neuem, zu Besserem.

Blut floss,
Feuer fraß sich in Haut,
gleichzeitig biss die Kälte zu,
das war inspiriertes, heiliges Wüten,
dessen Unvermitteltheit und
Rücksichtslosigkeit eine
elementare Kraft ausstrahlte.

Brauchen wir heute überhaupt noch Rituale?

Eines der Urmuster des Menschen ist seine angeborene Spiritualität. Unabhängig von Erziehung und Umwelteinfluss fragt jeder Mensch mehr oder weniger nach dem Woher und Warum und sucht Ordnung in einer höheren Macht. Glaube und Religion sowie deren Ritualisierung und Personifizierung sind Archetypen, die der Mensch zu jeder Zeit, an jedem Ort neu erfinden wird - wenn auch immer wieder in anderen Formen. Nur die Art der Religion variiert aufgrund von Umwelt und Zufällen, treibt mitunter skurrile Blüten.

Worin aber liegt der Vorteil, an Irrationales, ja: erkennbar Unwahres, zu glauben? Wir beobachten die psycho-hygienische Wirkung auf das Individuum: Glaube verschafft Sicherheit, die Grundvoraussetzung zur Meisterung neuer Situationen. Eigene Ängste und Unzulänglichkeiten, versinnbildlicht als Teufel oder Dämonen, werden symbolisch bekämpft und besiegt. Das alte Wort „frommen" bedeutet „nützen" - wer fromm ist, ist also zunächst einmal auf seinen persönlichen Vorteil bedacht. Vordergründige Egoismen allerdings, die dem Einzelnen scheinbar zwar kurzfristig nützen, der Art aber langfristig schaden, werden durch den Glauben eingeschränkt. „Du sollst nicht stehlen" oder „Du sollst nicht töten" sind Teil einer biologisch begründeten Ethik, die nicht nur gelernt, sondern von den meisten Menschen tief empfunden wird. Mitleiden, Mitfreuen und Mitteilen sind wesentliche Bausteine der menschlichen (Kultur-)Evolution, und so haben sich aus der (Natur-)Erfahrung ethische Gebote und Verhaltensregeln durchgesetzt, die den Menschen als Sozialwesen leistungsfähiger machen, als es z. B. per Gesetz oder durch rein rationale Einsicht möglich wäre.

An dieser Stelle bedarf es nicht einmal eines deduktiven oder empirischen Beweises, denn wir sind so, wie wir sind, *weil* wir sind, ansonsten gäbe es uns ja so nicht, sondern eine andere „Hirnprogrammierung" hätte sich als Erfolgsmodell durchgesetzt, wobei natürlich auch diese ständigem Evolutionsdruck unterworfen wäre. Intellektuell mehr als unredlich ist es auch, das Ergebnis eines Evolutionsprozesses ex-post anhand der Wahrscheinlichkeit zu beurteilen, mit der es zustande kommen konnte, und dann aufgrund dieser Überlegung im Nachhinein eine Planung oder ein „intelligentes Design" zu unterstellen; genauso unsinnig wäre es, einen Lottogewinn als Vorhersehung anzusehen (würde man genau den Gewinner *vorher* vorausgesagt haben, wäre dies bemerkenswert, aber dass *irgend jemand* gewinnt, ist alles andere als unwahrscheinlich). Und so ist es auch mit dem Kosmos, der Erde und den Menschen: irgendeine der vielen Milliarden Möglichkeiten von Existenz oder Nicht-Existenz *musste* ja eintreten, und im Nachhinein war natürlich jede einzelne gleich unwahrscheinlich, nur dass eben alle anderen tatsächlich nicht bzw. für uns nicht sichtbar stattgefunden haben und z. B. auf den vielen „nicht entstandenen Erden" (oder nach nicht statt gefundenen Urknallen usw. usf.) sich auch niemand diese Gedanken machen kann. Müßig ist ebenso die Frage nach dem „großen Beweger", der Ursache für den oder die Urknalle usw., denn mit der zeitlichen, räumlichen und logischen Entfernung schwindet auch die Relevanz für unsere Lebenswirklichkeit (zur Auseinandersetzung der Vernunft mit der Religion haben sich praktisch alle großen Denker der Welt geäußert - einen wunderbaren Einstieg sowie eine Fülle an Links und Quellen bieten z. B. www.dittmar-online.de oder auch www.gkpn.de).

Aber: Religiosität scheint somit unabhängig von ihrem Wahrheitsgehalt sinnstiftend zu sein, denn sonst gäbe es sie ja nicht. Die Gründe können sein: Religion festigt Gemeinschaften, sie spendet Einzelnen Trost und Halt, sie vertröstet auch wirkungsvoll bei offenen Fragen und hilft, sinnvolle Erfahrung allgemein verbindlich zu machen. Der Mensch ist - offenbar zu seinem Vorteil - von Grund auf spirituell angelegt und damit über die Vernunft hinaus an biologische Gebote gebunden. Religion fällt also nicht „vom Himmel", sondern entstand notwendigerweise, lokal und immer wieder nach denselben Mustern: Sonnenlauf, Jahreskreis, Lichtgestalten, Kampf gegen das Böse usw. Auch heute noch suchen wir nach Bildern und Metaphern, um dem Faszinosum Natur gerecht zu werden. Symbole fangen etwas Wesentliches ein und drücken es gleichnishaft aus. Das religiöse Brauchtum aller Völker und Zeiten beschäftigt sich mit dem Wohl und Wehe des Menschen im Jahreslauf der Natur. Zentrale Elemente sind das wirklich Wichtige im Leben: Ernte, Fruchtbarkeit, Gesundheit, Familie, Lebensglück. Der größte Teil unseres (religiösen) Brauchtums hat seinen Ursprung in Zeiten, in denen der Mensch noch eine sehr enge Verbindung mit der Natur besaß und ungleich stärker als heute in ihren Jahreslauf eingebunden war, denn Religion fußte auf der Beobachtung der Natur, und diese allein zeichnet verantwortlich z. B. für die verschiedenen Festtermine im Laufe des Jahres. Weihnachten, die Wintersonnenwende, hat sich aufgrund der Lebenswichtigkeit der Überwindung des Winters vor allem auf der nördlichen Erdhalbkugel als das wichtigste Fest herauskristallisiert. Die Wurzeln des Weihnachtsfestes reichen weit in die vorchristliche Zeit zurück.

Wie aber kommt es, dass dies heute fast in Vergessenheit geraten ist? Frühe Religion war gegenständlich, pantheistisch, diesseitig. Eine unerklärbare Natur flößte den Menschen Ehrfurcht ein und veranlasste sie, höhere, göttliche Mächte hinter den verschiedenen Phänomenen zu verorten. Mit zunehmender naturwissenschaftlicher Erklärungsmöglichkeit verschoben sich die Götter immer weiter in jenseitige, unsichtbare und somit unwiderlegbare Sphären - bis hin zur völligen Transzendenz, Losgelöstheit und „Unverstehbarkeit" der monotheistischen Offenbarungsreligionen. Deren Wurzeln liegen nicht von ungefähr im vorderen Orient, wo gänzlich andere Lebensumstände herrschten: Die Wiederkehr der Sonne z. B. konnte dort nicht dieselbe Bedeutung haben wie in den kalten Ländern - vielmehr waren es Hitze und Trockenheit, welche das Leben eher bedrohten. Vor allem in gänzlich lebensfeindlichen Regionen konnte die Erde eher als „Jammertal" erscheinen und die Sinnsuche der Menschen sich auf das „untertan" machen einer bedrohlichen Umwelt bzw. auf jenseitige „Erlösung" richten. „Furcht vor euch und Schrecken sei bei allen Erdentieren, bei allen Himmelsvögeln, bei allem, was auf dem Erdboden kriecht, und bei allen Fischen des Meeres, in eure Hand sind sie gegeben!" (1. Mose 9,2). Mit der gedanklichen Konstruktion eines paradiesischen Jenseits' außerhalb der erlebten Wirklichkeit reifte entsprechend die Annahme einer unvergänglichen persönlichen Seele, das „sündenhafte" Fleisch galt es zu überwinden.

Auch Religionen kommen und vergehen nach den Gesetzen der Evolution. Welche setzt sich durch, welche unterliegt? Religion ist Teil der Kultur und somit

Sieben Tage Hüttenurlaub in der abgeschiedenen Bergwelt liegen vor uns. Mein Vorsatz ist es, in diesen sieben Tagen sieben Labyrinthe zu begehen und danach zu fühlen, was diese Energie in mir auslöst, in meinem Befinden, meinen Träumen. Dichter Schneefall Tag für Tag begleitet meine Aktion. Die Sicht reicht kaum ein paar Meter weit. Meine Konzentration ist nach Innen gerichtet, als ich beginne, den „Ariadnefaden" mit den neuartigen Schneeschuhen in den Schnee zu stapfen. Das Erspüren des großen Natur-Raumes, das Gefühl für die Begrenzungen der Abstände des Musters - es ist ein von innen nach außen manifestierter Weg, ein Weg ohne messbare Hilfsmittel ...

So gehe ich jeden Tag meine Wege, und der Schneefall verleiht mit seiner Ausdauer der Form weiches Volumen. Im Herz-Zentrum stehend, visualisiere ich Liebe, Licht und Frieden für die Welt.

... ein tief bewegendes Ereignis -
eine Koproduktion mit der Natur und ihren Elementen,
das sich so kaum wiederholen lässt...

Auch der Traum in der Nacht vor der Abreise zeigt mir die heilende Wirkung dieses Symbols. Seit Jahren träumte ich, auf Reisen mein Gepäck, mein Geld, meine Identität zu verlieren, und ich stand allein und verlassen in der Welt, wie mir schien. In diesem Traum jedoch ist alles um mich herum in Licht gehüllt - auch bin ich allein und ohne Gepäck. Aber ich weiß plötzlich, dass alles, was ich brauche, in mir ist. Kein Verlustgefühl mehr, sondern eine Befreiung von Materie - eine große Fülle in der Leere des unendlichen Seins.

Vor unserem Abstieg zeigt sich schließlich doch noch kurz die Sonne, und mein Mann fotografiert rasch die Labyrinthe. Erst, als ich zu Hause dann die entwickelten Fotos in Händen halte, werden mir das Ausmaß und die Wirkung dieses Erlebnisses voll bewusst.

~ Marianne Ewaldt

abhängig von den spezifischen Denkstrukturen und Mentalitäten der Völker, diese wiederum werden von geographisch-klimatischen Bedingungen, Vererbung, Überlieferung, konkreten geschichtlichen Erfahrungen, kultureller Umwelt, Erziehung usw. geprägt. Alles steht in dauernder Wechselwirkung und wird von Zufällen und Umweltänderungen überlagert. Speziell der Zufall spielt eine große Rolle, denn ein kurzes „Überschwappen" reicht, um den „Ausrutscher" zum sich selbst bestätigenden Trend zu machen - oder wie es der Volksmund formuliert: „Auf den dicksten Haufen kommt immer noch etwas hinzu!". Speziell im Falle der drei großen Offenbarungsreligionen (Judentum, Christentum und Islam) war außerdem ein weiterer Aspekt ausschlaggebend: Sie waren komplexer, unwirklicher, und sie stellten sich von Anfang an außerhalb von Logik und Vernunft, waren daher nicht zu beweisen, aber auch nicht zu widerlegen. Zusätzlich konnten die Heilsversprechen, die Hoffnung auf „Hilfe von oben" den Druck der persönlichen Verantwortung mildern - bis hin zur vollkommenen Gott-Ergebenheit und Schicksalsgläubigkeit, wie wir sie z. B. bei Moslems häufig beobachten können. Der Hang der Menschen zur Transzendenz, ihr Wunschdenken und ihre Bequemlichkeit werden ausgenutzt. Parallel erlauben die Dogmen - Himmel und Hölle, Strafe und Erlösung, Jüngstes Gericht, Erbsünde oder die Gleichheit der Menschen - ein hohes Maß an Kontrolle, Steuerung und Disziplinierung. Derartige Lehren fanden somit rasch Zulauf.

Der Rest wurde mit „Feuer und Schwert" erledigt. Zahllose Völker etwa wurden zwangsweise christlich bekehrt, ihre Jahrtausende alten eigenen Kulturen ausgelöscht, aktuelle Beispiele sind Papua-Neuguinea und Polynesien. Auch die Christianisierung Europas ist eine lange Geschichte von Grausamkeiten. Die Priester der heidnischen Religion wurden brutal verfolgt. Kräuterfrauen und Priesterinnen wurden zu Hexen dämonisiert. Noch Jahrhunderte später loderten in Europa die Scheiterhaufen der Hexen-, Ketzer- und Bücherverbrennungen, zahllose Menschen wurden um Haus, Hof und Heimat gebracht. Im vierten Jahrhundert gelang es der christlichen Lehre, zur beherrschenden Religion Roms zu werden. In der Folgezeit begann die Missionierung Mittel-, Nord- und Osteuropas. Die irregeführten und aufgepeitschten Massen waren und sind zu den scheußlichsten Gräueltaten fähig. Christen führten von den ersten Jahrhunderten bis in die Gegenwart christliche Kreuzzüge - Vernichtungskriege. In der Bibel ist fortlaufend die Rede von der Beseitigung „ungläubiger Gojim". König David tötete zu diesem Zweck auch die Greise, Frauen und Kinder, legte sie „unter eiserne Sägen und Zacken und eiserne Keile und verbrannte sie in Ziegelöfen" (2.Sam 12.31, Lutherbibel von 1912). Auch der „heilige Krieg" des Islam, mit dem die „Ungläubigen" überzogen werden dürfen, kennt keine Grenzen. Und schon immer haben irdische Machthaber es verstanden, sich den Fanatismus der Gläubigen zu nutze zu machen, indem der Feind entmenscht und seine Vernichtung zur Erfüllung (quasi-religiöser) Pflicht erhoben wurde. Natürlich ist diffuse, transzendente Religion viel anfälliger gegen Fanatismus und Missbrauch. Das per se militante Missionsverhalten der auf Offenbarungsreligionen basierenden Kirchen und Institutionen ist offensichtlich. Lediglich in Zeiten der Schwäche wird auf Toleranz gesetzt, doch dort wo der metaphysische Glaube vital ist, ist die Angstbotschaft deutlich: der Himmel für die Gläubigen, die Hölle für den Rest, und Letzteres am besten sofort (eine exzellente Quelle zur Vertiefung ist die „Kriminalgeschichte des Christentums" von Karlheinz Deschner).

Weihnachten im Lauf der Geschichte

Die heidnischen Sitten und (Weihnachts-)Bräuche lebten trotz aller kirchlichen Abschaffungsversuche lange Zeit fast unverändert weiter. Als Bonifatius im Jahr 723 die Donareiche fällte, hatte er den „Beweis" erbracht, dass die gegenständliche Religion der neuen nicht gewachsen war - an der Lebensweise der Hessen hatte sich bis dahin aber praktisch noch nichts geändert. So begann die Kirche immer dann, wenn die Bevölkerung allzu hartnäckig an ihren alten Gebräuchen festhielt, das Brauchtum umzudeuten, um es dem christlichen Glauben anzupassen. Papst Gregor II. (715 bis 731) schrieb an den später heilig gesprochenen Bonifatius: „Es muss jedes Fest zu Ehren ihrer Götter in ein anderes umgeformt werden ... in Feste der heiligen Märtyrer". Gleichzeitig begann man, die eigenen Kirchen und Bauwerke an den vorher vernichteten alten Kultstätten zu errichten, um die Gewohnheiten der Menschen entsprechend zu adaptieren. Die heidnischen Gottheiten versuchte man, ins Lächerliche zu ziehen, würdigte sie zu grotesken Torwächtern herab oder ließ sie Kanzeln und Taufsteine tragen. Noch heute sind in vielen romanischen Kirchen steinerne Figuren von Heidengöttern mit all ihren charakteristischen Symbolen als „gebannte Dämonen" zu sehen (Ulbrich & Voenix (Hrsg.): Heidnische Sinnbilder an christlichen Kirchen, Fj/So 2006). Auch die Bräuche und Feiertage wurden auf diese Weise übernommen. Ostern, Kindstaufe, Hochzeiten, Begräbnisse usw. sind allesamt keine christlichen Erfindungen, sondern wurden schon lange zuvor zelebriert, z. T. sogar mit denselben Ritualen wie heute in der Kirche.

Weihnachten war und ist das höchste „natürliche" Fest und deshalb besonders hartnäckigen Nachstellungen von christlicher Seite ausgesetzt. Verschiedene Konzilienbeschlüsse und Kirchenerlasse im ersten Jahrtausend verbieten immer wieder das Aufstellen von Weihnachtsbäumen als typischem Bestandteil des natur-religiösen, anti-christlichen Baumkultes. Besonders erwähnt wird, man dürfe „kein Licht an Bäume setzen". Im Jahr 354 wurde der Geburtstag Jesu auf den 25. Dezember festgelegt, also in die Nähe der Wintersonnenwende, um heidnische Kulte wie Mithras und Sol Invictus zu bekämpfen. Wenige Jahre zuvor hatte die Kirche jegliche Spekulation über das exakte Geburtsdatum von Jesus noch bei Strafe als Gotteslästerung verboten. Auch das Neujahrsfest („Beschneidung des Herrn") wurde per Dekret im Jahre 813 auf den 1. Januar gelegt. Aus dem Jahr 580 ist ein kirchliches Verbot überliefert, „mit dem Grün der Bäume die Häuser zu umgeben oder zu bekränzen". Später wurde untersagt, „Tannenbäume abzuhauen" bzw. „herauszuputzen". Im Jahre 640 verordnete der Bischof von Noyon, dass niemand mehr „die Scheußlichkeit besitzen solle, Kälbli, Haselein oder andere Teigwaren anzufertigen"; auch von „Götzenbildern aus geweihtem Mehl und süßem hefelosen Teig" (=> Weihnachtsgebäck) ist die Rede. St. Pirmin sagte in einer Predigt: „wer sich in die Felle der Haustiere vermummt oder Tierköpfe aufsetzt" (=> Perchtenlaufen), der soll „drei Jahre Buße tun, weil der dämonisch ist". Noch im Jahre 1508 wetterte ein Geistlicher im elsässischen Kaysersberg gegen die Unsitte, „Tannreis in die Stube zu legen und einander Gaben zu schenken". Später dann, als klar wurde, dass es nicht gelingen würde, den heidnischen Weihnachtsbrauch und -glauben auszurotten, wurde versucht, ihn in das christliche Gedankengut einzubeziehen. Aus dem „Lichter- bzw. Weihnachtsbaum" wurde der „Christbaum", aus dem „Weihnachtsfest" das „Christfest". Der Baum wurde mit Engeln und Hostien behängt, seine Sterne umgedeutet usw. Dennoch blieb allein die Tatsache, dass es ein Baum war, den Kirchenoberen bis heute ein Dorn im Auge. Selbst 1935 sprach der „Osservatore Romano", das amtliche Blatt des Vatikans noch von der „heidnischen Mode des Weihnachtsbaumes" als einem „Überbleibsel alter Naturgebräuche..." Obwohl die meisten Belege vernichtet wurden oder seit langem in den Archiven des Vatikans dem öffentlichen Zugriff entzogen sind, ließe sich diese Liste endlos erweitern. Das Erfolgsprinzip heißt nach wie vor: Es wird assimiliert, was nicht abgeschafft werden kann, und umgekehrt.

Natur-Religionen dagegen, wie z. B. die der Indianer, der Afrikaner aber auch der Alten Europäer sind regional verwurzelt und in ihren Ritualen auf die umgebende Natur abgestellt. Die sprichwörtliche Mentalität und die typischen Eigenschaften der Völker nur Erziehungs- und momentanen Umwelteinflüssen zuschreiben zu wollen, ist Unsinn. So besitzen die unterschiedlichen Menschentypen auch eine unterschiedliche Disposition bezüglich Spiritualität und Religion. Nachhaltige - genetische - Veränderungen sind nur über sehr lange Zeiträume möglich. Die Vorstellung, sich z. B. quasi durch bloßes Nachdenken für den einen oder anderen Glauben „entscheiden" zu können, ist absurd - dies funktioniert tatsächlich nur mit erfundenen, von der biologischen Realität abgelösten Religionen, und genau hier zeigen sich die Unterschiede. Natürliche Religion ist nicht aggressiv, sie missioniert nicht, sondern achtet und respektiert den fremden Glauben als Ausdruck anderen Menschseins, solange er nicht bedrohlich wird. Die verschiedenen Naturreligionen beanspruchen keine absoluten Wahrheiten, sie unterscheiden sich in den jahreszeitlich und auf die heimische Flora und Fauna bezogenen Ritualen. Alle folgen aber dem Muster des Eingebundenseins in die Natur. Heidnische Götter z. B. sind weniger als Personen aufzufassen, sondern mehr als Archetypen. „Wir haben keinen Herrn, wir sind Herren!" - diesen stolzen Satz rief vor tausend Jahren bei der Belagerung von Paris ein Wikinger dem Abgesandten des französischen Königs zu, als dieser die Belagerer fragte, wer denn ihr Herr sei. Während der Monotheist vor der vernichtenden Majestät des ewig unnahbaren Gottes erzitterte, sieht der Heide mit freudigem Schauer von überall her Göttliches nahen.

Was folgt? Wir haben gesehen: Mit der Verschiebung von Religion und Spiritualität in den un-irdischen, metaphysischen Bereich hinein ist uns zivilisierten Menschen die enge Verbindung mit der Natur größtenteils verloren gegangen und damit auch das Eingebettetsein in die natürlichen, kosmischen Abläufe. Wir haben einseitig einen mächtigen Intellekt entwickelt, der Lösungen für praktisch alle technischen Herausforderungen bietet und darüber hinaus dem Geist erlaubt, sich weit über das persönliche Erleben hinaus aufzuschwingen. Dennoch verbleibt die angeborene Sehnsucht nach „re-ligio", also nach Rückbindung und nach „Erdung", weil sie bewährt und heilsam ist. Der Geist ist nicht so frei, dass er sich beliebig vom physischen und (hirn-)chemischen Dasein lösen könnte. Und auch die Grenzen der Vernunft sind deutlich sichtbar: (Spontan-)Einschätzungen „aus dem Bauch" z. B. sind scheinbar rationalen Beurteilungen, bei denen ja immer das Problem besteht, überhaupt die wesentlichen Prämissen und Parameter erfasst und richtig modelliert zu haben, oft überlegen, etwa bei der spontanen Beurteilung von Mitmenschen (was nicht verwundert, wenn man sich vor Augen führt, dass in weiten Teilen der Menschheitsgeschichte das unmittelbare Überleben von der Richtigkeit solcher Einschätzungen abhängen konnte).

Das bedeutet: Spiritualität, Gefühl und religiöse Muster sind aus der menschlichen Realität nicht wegzudiskutieren, und es ist auch gar nicht sinnvoll. Die geschichtliche Erfahrung sowie auch die logische Überlegung aber zeigen, dass realitätsferne und losgelöste Meta-Religionen riesige Gefahren bergen, und man sollte ihnen insofern das Feld nicht kritiklos überlassen. Der Kampf des Geistes geht um den goldenen Mittelweg - also eine natürliche Spiritualität im Sinne von bewusstem Naturerleben, das unagressiv und im Einklang mit Vernunft und Lebenswirklichkeit beides leisten kann: Psyche, Intuition und Unbewusstes „pflegen", ohne den Verstand zu beleidigen bzw. die Vernunft ausschalten und Tür und Tor öffnen zu müssen für geistige Umnachtung, Fanatismus oder zumindest die unbewusst quälende Selbstkasteiung angesichts der unlösbaren Widersprüche erfundener und immer weiter künstlich verkomplizierter religiöser Konstrukte.

Genau diese stille Erkenntnis veranlasst uns, an alten Bräuchen festzuhalten, obwohl uns deren ursprünglicher Sinn nicht mehr klar ist. Wir tun es nicht nur aus Gewohnheit, sondern weil wir organisch verbunden sind mit dem, was C.G. Jung das „kollektive Unbewusste" nennt. Wenn wir heute entdecken, dass z. B. die Schöpfungsgeschichte der altnordischen Edda die Entstehung der Welt in einer symbolischen Art und Weise schildert, die dem neusten Stand naturwissenschaftlicher Erkenntnis entspricht, können wir dann von der Hand weisen, dass die frühen Kulturen vieles davon vielleicht in einer bildhaften Innenschau erkannt und mit ihren Mitteln - wie unsere heutigen Volksbräuche und -mythen - ausgedrückt haben? Das Brauchtum enthält die gesammelte Erfahrung unserer Vorfahren und sollte daher nicht achtlos beiseite geschoben werden. Auch Ausgelassenheit, ja Wildheit und Ekstase im Verlauf des Rituals haben ihren Sinn, denn hier wird eine Menge Müll über Bord geworfen. Im - ekstatischen - Ritual steigt der Mensch in die Abgründe seiner eigenen Psyche hinab, konfrontiert sich mit seinen Schattenseiten, den verdrängten und unbewussten Aspekten, und transformiert sie positiv. Durch das feine Hineinlauschen z. B. in die einzelnen Jahreskreisrituale können wir manchen Hinweis auf das natürliche Geschehen empfangen und gedanklich Einfluss nehmen sowie unsere eigene Einstellung prägen. Selbstverständlich wächst nicht der Weizen höher, weil wir einen Ährenkranz ins Feuer schleudern, aber vielleicht wächst er höher, weil wir uns danach gut gelaunt, befreit und motiviert an die Arbeit begeben und diese so liebevoller und effektiver verrichten als vorher.

Diese schöne Möglichkeit sollte man wahrnehmen, ohne von der vermeintlich hohen Warte der „reinen" Vernunft hinab das Bodenständige und Mythische zu bagatellisieren. Der Verstand sollte nicht das einzige Mittel sein, die Welt zu erfahren. Niemand kann gegen die Natur leben und zugleich nachhaltig „richtige" Gedanken produzieren. Auch Ruhe, Kraft und Selbstfindung sind vor allem auch das Ergebnis von Loslassen, Eins-Werden mit der Natur im spielerischen Ritual, z. B. in der Ausgestaltung des Jahreszeitgeschehens. Dazu gehören auch Feier, Tanz und Ausgelassenheit. Schiller sah die Weisheit „so Ihr spielet und werdet wie die Kinder...". Wer das Rituelle meidet, verdrängt, mit ausschließlicher Rationalität verdeckt, der leidet oft still und unbewusst. Eine ganzheitliche und naturnahe Sicht bekommt uns Menschen besser, viele Probleme werden dadurch von selber entschärft oder treten erst gar nicht auf. Manche Idee, die hinter dem sichtbaren Ausdrucks des Symbols liegt, wartet nur darauf, wieder ins Bewusstsein gehoben zu werden. Kritischer Verstand und Intuition müssen sich dabei bestens ergänzen. Das Erkennen beeinträchtigt in keiner Weise das Erleben, und auch nicht das „Bekennen". Der Vernunft kommt in diesem Wechselspiel die ehrenvolle Aufgabe zu, das feine Mittel zwischen den ewigen Sinuskurven von „zu viel" und „zu wenig" anzusteuern - wohl wissend, dass ein Optimum stets nur als Durchgangsstadium erreicht wird.

Natürliche Religion bedeutet, den Nutzen zu haben, ohne den Schaden zu riskieren. Wer die Natur mit all ihren Komponenten als allumfassend, plausibel, insgesamt sinn- und moralfrei aber für den Menschen zu hundert Prozent determinierend und daher sinnstiftend, akzeptiert, der kann sein Glück (und damit das der anderen) im Hier und Jetzt mit gestalten. Dabei bietet das Natur-Ritual in individueller Intensität, zumindest aber das aktive Erleben der Natur, die notwendige Stimulanz auch für den emotionalen Teil unseres Daseins, für das Unbewusste. Die Verehrung von Erde, Natur und Kosmos ist so bei dem Einen mehr sachlich, bei dem Anderen mehr mystisch, nie aber an einen persönlichen, vermeintlich moralischen oder auch strafenden Gott geknüpft - natürliche Religion bietet keinen Raum für Metaphysik.

Papst Benedikt XVI - damals noch Kardinal Ratzinger - bringt es in seinem Hauptwerk „Das Salz der Erde" wörtlich wie folgt auf den Punkt: „Die Vergöttlichung des Kosmos richtet sich gegen das Christentum. Der Glaube an die Mutter Erde ist unvereinbar mit dem Glauben an den biblischen Gott".

Dem schließen sich die Autoren uneingeschränkt an.

Danksagung

Dieses Buch wäre nicht entstanden ohne die Vorarbeit vieler Menschen, die Ihre Gedanken zum Thema beitrugen - in ihren Schriften, durch ihre Arbeit, durch ihre Fotos, aber auch in der Diskussion oder einfach durch gutes Vorbild. Soweit nicht direkt im Text genannt, möchten wir uns bei den Nichtgenannten vorsorglich entschuldigen. Genauso für den „laxen" Umgang mit den Quellen, aber eine kühle wissenschaftliche Zitierweise würde dem Charakter dieses Werks zuwider laufen.

Ganz sicher hat sich auch der ein- oder andere Fehler eingeschlichen - der werte Leser möge gelassen darüber hinwegsehen; genauso über Aussagen, die seiner Einstellung zuwider laufen. Ein Buch kann sich nicht „wehren" gegen selektives Zitieren und polemische Rhetorik, wohl aber der Autor: Schreiben Sie und lassen Sie uns wissen, was wir besser machen können. Die Wette gilt: wir freuen uns im Popperschen Sinne über jeden Fehler, den Sie uns zu erkennen helfen - wissend, dass es endgültige Verifizierung niemals geben wird, wohl aber zunehmende Eingrenzung der Wahrheit durch Aufgabe des eindeutig Falschen. Dies ist der Maßstab, egal wie viele „Zacken" es einem „aus der Krone schlägt".

Wichtig ist uns auch: Sind wir dem Anspruch, Rationalität und Intuition zu verbinden, Information und Emotion zu vermitteln, gerecht geworden? Soweit möglich, werden wir konstruktiver Kritik durch persönliche Antwort begegnen, und vielleicht ergibt sich so ja auch für Sie in der Gesamtschau der Dinge ein neuer Zugang zu bisher scheinbar Eindeutigem.

Untrennbar mit dem Gelingen des Projekts verbunden waren auch unsere beiden Frauen, ohne deren Liebe und sanfte Führung unsere kreativen Fähigkeiten und unsere Spiritualität wahrscheinlich nie zur Entfaltung gekommen wären. So haben diese beiden stolzen Mütter nicht nur in Summe neun Kinder geboren, sondern auch uns ans Licht der Welt gebracht.

Lassen Sie uns zum Abschluss noch ein Buch empfehlen: Claudia Müller-Ebeling & Christian Rätsch, *Weihnachtsbaum und Blütenwunder. Geheimnisse, Herkunft und Gebrauch traditioneller Weihnachtspflanzen. Rezepte-Rituale-Räucherungen*, AT-Verlag, 2003.

Weitere Titel aus der Edition Björn Ulbrich

Ulla Janascheck
Kessel Ofen Feuer
Köstliche Rezepte
zum Feiern der Jahreskreisfeste

128 S., vierfarbig illustriert,
A4, Broschur,
ISBN 3-935581-77-7
16,00 Euro / 28,60 sFr

Helge Folkerts
Frauenkreise
Feste, Feiern, Rituale
um die heilige Mitte

128 S., vierfarbig illustriert,
A4, Broschur,
ISBN 3-935581-66-1
16,00 Euro / 28,60 sFr

Romana & Björn Ulbrich
Dein Name sei ...
Rituale und Zeremonien
zu Geburt und Namensgebung

128 S., vierfarbig illustriert,
A4, Broschur,
ISBN 3-935581-14-9
16,00 Euro / 28,60 sFr

Björn Ulbrich & Holger Gerwin
Die Hohe Zeit
Rituale und Zeremonien
für Hochzeit, Lebensbund
und Familie

128 S., vierfarbig illustriert,
A4, Broschur,
ISBN 3-935581-79-3
16,00 Euro / 28,60 sFr

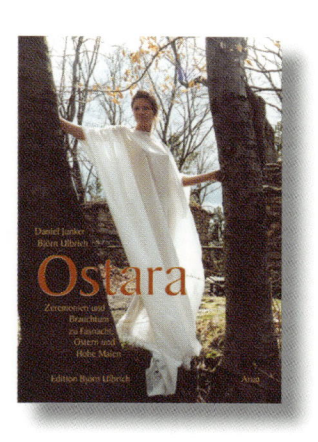

Daniel Junker & Björn Ulbrich
Ostara
Zeremonien und Brauchtum
zu Fasnacht, Ostern
und Hohe Maien

128 S., vierfarbig illustriert,
A4, Broschur,
ISBN 3-935581-13-0
16,00 Euro / 28,60 sFr

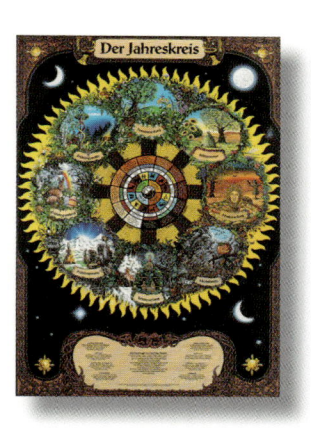

Voenix & Holger Gerwin
Der Jahreskreis
Poster, vierfarbig, A1,
ISBN 3-927940-60-7
10,50 Euro / 20,10 sFr